세상의 법은 누구 편인가요?

세상의 법은 누구 편인가요?

책상 위 판례가 아닌, 삶에서 만나는 인권의 질문들

글 조덕상 그림 신시티

404
NOT FOUND

세상을 바꾸고 지키는 힘, 그것은 '인권'입니다!

우리가 사는 세상을 살기 좋은 곳으로 바꾸고 지키는 건 무엇이라고 생각하나요? 사랑, 과학 기술, 자원봉사 등등 다양한 답이 있겠죠. 저는 거기에 '인권'이라는 답을 꼭 넣고 싶어요.

'인권'이란, 모든 사람이 행복하고 평화롭게 살기 위해 반드시 보장되어야 하는 권리를 말해요. 인권을 충실히 보호하는 사회는 어떤 사람의 삶도 허투루 대하지 않고 존중하는 곳이에요. 악랄한 범죄를 저지른 사람이든, 가난하고 일자리가 불안한 사람이든, 인간다운 삶을 위해 필요한 것을 요구할 수 있고, 그런 이들의 목소리를 외면하지 않아요. 이러한 인권은 그 누구도 함부로 바꾸거나 해칠 수 없는 소중한 가치입니다. 그래서 인권은 파도처럼 사람들의 삶을 앞으로 나아가게도 하고, 방파제처럼 사람들의 삶을 지켜 주기도 해요.

많은 사람들은 이러한 인권을 태어날 때부터 모든 이에게 주어진 것으로 생각해요. 하지만 역사를 살펴보면 그런 생각이 자리 잡은 건 얼마 되지 않았지요. 오랜 시간 동안 수많은 사람들의 투쟁과 설득이 있었기에 가능했던 일이에요.

이러한 인권은 누구나 평등하게 누릴 수 있어야 하지만, 현실은 그렇지 못해요. 어리다는 이유로, 여성이라는 이유로, 외국인이라는 이유로 등등 한국 사회에서는 여러 가지 이유로 사람들을 차별하고 인권을 침해하는 일들이 벌어지고 있습니다. 그러다 보니 지금도 인권을 지키기 위해 노력하는 사람들이 많습니다. 저와 같은 공익 변호사들은 법원, 국회와 같이 '법'을 다루는 영역에서 국가나 기업, 힘 있는 사람들이 다른 사람의 인권을 침해하는 것을 막고, 더 나아가 그동안 주목받지 못한 인권을 보호할 수 있는 법을 만들기 위해 활동하고 있어요. 그런 활동의 의미와 가치를 여러분에게 널리 알리기 위해, 어렵게 느껴지는 법과 인권 이야기를 이해하기 쉽게 만들어 보았습니다.

이 책에서는 최근 한국 사회에서, 법원의 판결이나 헌법재판소, 국가인권위원회와 같은 기관의 결정이 나왔던 인권 관련 사건들을 소개하려고 해요. 그런데 이러한 법과 인권 이야기는 어른들도 이해하기 어려운 내용이 많답니다. 그래서 어떻게 하면 여러분에게 쉽고 재미있게 전달할 수 있을지 고민을 많이 했어요. 그러다 문득 이런 생각이 들었지요.

'여러분이 책 속에서 판사가 되어 보면 어떨까?'

그래서 이 책에는 '우리 동네 인권 재판소'라는 가상의 법원이 등장합니다. 그리고 여러분은 그 법원의 청소년 판사가 되어, 이 책에서 소개할 여섯 개의 사건에 대한 판결을 직접 내려 볼 거예요.

인권도, 법도 잘 모르는데, 어떻게 판결을 내릴 수 있냐고요? 걱정하지 마세요. 여러분이 사건의 내용을 쉽게 이해할 수 있도록, 사건마다 재판 연구원이 보고서를 만들어 줄 테니까요. 그리고 보고서를 읽어 본 여러분들이 판결을 내렸다면, 제가 이야기의 참고가 된 실제 사건을 여러분에게 소개해 줄 겁니다. 거기에는 법원이나 헌법재판소 등이 어떤 결정을 내렸는지, 또 그 이후에 어떤 일들이 있었는지도 알려 줄 거예요.

혹시 그 내용이 여러분이 생각했던 판결과 다르더라도 실망하지 마세요. 실제 있었던 모든 판결이 꼭 정답이라고 할 수는 없어요. 그리고 무엇보다 여러분 스스로 한국 사회의 인권 문제에 대해 고민하고 내린 결정은 그 자체로 큰 의미가 있으니까요. 그리고 판결을 넘어, 인권을 보호하기 위해 많은 사람들이 어떤 노력을 했고 어떤 성과가 있었는지도 여러분들이 꼭 기억해 주었으면 좋겠어요. 그래서 나중에 여러분들이 더 살기 좋은 세상을 만드는 데 작은 밑거름이 되기를 간절히 바랍니다. 재미있게 읽어 주세요.

조 덕 상

차 례

"어린이들이 서로 모여 즐겁게 놀 만한 놀이터와 기관 같은 것을 지어 주시오."

- 소파 방정환

1장_
노키즈존,
어린이에 대한 차별

안녕하십니까, 판사님!

이번 재판의 보고를 맡은 이소리 재판 연구원입니다.

이번 사건에서는 정재율 씨 가족과 '레가토' 레스토랑의 주인 양형석 씨가 '우리 동네 인권 재판소'에 왔습니다.

정재율 씨 가족은 양형석 씨의 '노키즈존' 영업 때문에 정신적인 피해를 입었으니 노키즈존 영업을 그만두고 사과할 것, 손해를 배상할 것을 요구하고 있고, 양형석 씨는 레스토랑의 안전한 영업을 위해 필요했다며 맞서고 있습니다.

판사님의 현명한 판결을 기다립니다.

10세 미만의 어린이는 출입할 수 없습니다

이번 사건에서 재판을 신청한 사람, 즉 원고는 오빠 정재훈(남, 11세) 씨, 여동생 정재율(여, 7세) 씨, 그들의 어머니 조은우(여, 40세) 씨입니다. 앞으로 이들을 정재율 씨 가족이라고 하겠습니다.

11월 7일은 정재율 씨의 7번째 생일이었습니다. 재율 씨가 초등학교에 입학한 후 맞는 첫 생일이어서 조은우 씨는 특별한 생일 파티를 준비해 주고 싶었습니다.

"재훈아, 이번 재율이 생일은 어떻게 준비하면 좋겠어?"

"재율이가 예전부터 '레가토'에 가고 싶다고 했는데, 거기서 파티해요, 엄마."

정재율 씨 가족이 사는 동네에는 파스타와 피자 등 이탈리아 음식을 파는 레스토랑인 '레가토'가 있었습니다. 아담하고 근사한 분위기의 식당이라 정재율 씨 가족이 특별한 날에 찾아가 즐거운 시간을 보냈던 곳입니다.

조은우 씨는 재율 씨의 생일이 두 달 정도 남았을 때 식당에 전화를 했습니다.

"안녕하세요, 사장님. 11월 7일이 재율이 생일이라 세 명 저녁 식사를 예약하고 싶어서요."

'레가토'의 사장인 양형석 씨(남, 40세)는 흔쾌히 예약을 받았습니다.

"아, 안녕하세요, 어머님. 알겠습니다. 적어 두겠습니다."

이후 조은우 씨는 정재율 씨가 평소에 정말 좋아하는 캐릭터 인형을 생일 선물로 준비하고, 생일날에 맞춰 아이들이 좋아하는 딸기 케이크도 예약해 두는 등 준비를 마쳤습니다.

정재율 씨의 생일을 며칠 앞두고, 조은우 씨는 다른 일 때문에 레가토 주변에 갔다가 생일 파티 생각에 레가토를 잠깐 둘러보기로 마음먹었습니다. 그런데 레가토 입구에 이렇게 적힌 안내판이 붙어 있었습니다.

'No Kids Zone – 10세 미만의 어린이는 이용할 수 없습니다.'

불안한 마음이 든 조은우 씨는 식당 문을 열었습니다. 주방에서 영업을 준비하고 있던 양형석 씨는 은우 씨가 온 것을 바로 알아차리지 못했습니다. 조은우 씨의 눈에 처음 들어온 것은 아기용 식탁 의자들이 사라지고 대신 커다란 그림 액자가 놓여 있는 풍경이었습니다. 어린이들을 위한 전용 식기와 식판, 수저와 포크가 있던 곳에는 어른들이 좋아할 만한 예쁜 술병들이 가지런히 진열되어 있었습니다.

식당 분위기는 예전보다 더 산뜻하고 화사해졌지만, 조은우 씨는 자신과 아이들의 자리가 사라졌다는 사실에 망연자실한 채 서 있었습니다. 주방에 있던 양형석 씨가 조은우 씨를 보고는 인사를 하러 나왔습니다.

"아! 안녕하세요, 재율이 어머님. 안 그래도 연락드리려고 했는데…."

"아, 사장님, 안녕하세요! 근처에 일이 있어 잠깐 들렀어요."

"네. 저… 정말 죄송한 말씀을 드려야 할 것 같아요. 저희가 식당을 노키즈존으로 운영하기로 했습니다."

"네, 들어오는 길에 봤어요. 저희 재율이 생일 파티는 그 전에 예약해 둔 거니까 해도 되는 거죠?"

"그게… 재율이가 이제 초등학교 1학년이죠? 저희가 10세 미만 어린이들은 받지 않기로 해서…. 안타깝지만 예약을 취소해 주셨으면 합니다."

"사장님, 이건 많이 갑작스러운데요. 노키즈존으로 운영하시려는 이유가 있으실까요?"

"지난달에 아이 셋 있는 가족 손님이 오셨는데, 아이들이 너무 시끄럽게 떠들고 소란을 피우더라고요. 다른 손님들이 항의를 했더니, 그 부모님이 아이들인데 그럴 수도 있지 않냐고 따지는 바람에 한바탕 큰 소란이 있었

어요."

"하아…."

"사실 그 일 말고도 아이들 손님을 받으면서 이런저런 힘든 일들을 겪었습니다. 아이들이 뜨거운 음식을 먹다가 다쳤다며 책임지라고 하는 손님도 만났고요. 그래서 계속 고민하다가 이렇게 노키즈존으로 바뀌게 된 겁니다."

"그런 일이 있었군요. 하지만 저희는 그동안 사장님 덕분에 편안하고 즐거운 시간을 보냈어요. 그동안 아이들을 다치게 하거나 다른 손님들에게 피해 주지 않으려고 애를 썼고, 다른 부모님들도 그런 분들이 적지 않으신데…. 다시 한 번만 생각해 주시면 안 될까요? 정 안 되면 이번 재율이 생일 파티만이라도 예정대로 할 수 있게 해 주실 수 없을까요?"

"아휴, 잘 알죠. 어머님과 아이들은 저희한테 늘 좋은 손님들이셨어요. 하지만… 후우… 예약해 주신 다른 가족 손님들께도 일일이 전화해서 똑같이 말씀드렸습니다. 저도 정말 많이 고민해서 내린 결정이니 아무쪼록 양해 부탁드리겠습니다."

양형석 씨와 조은우 씨 모두에게 어려운 대화가 끝이 났고, 레가토를 나온 조은우 씨는 기가 막히고 슬픈 마음으로 집으로 돌아갔습니다. 재율이에게 이 일을 어떻게 설명해야 할지 걱정하면서 말이지요.

그날 저녁 조은우 씨는 정재율 씨와 정재훈 씨를 불러 아까 있었던 일을 이야기했습니다. 정재훈 씨도 엄마와 같은 마음이었습니다.

"어린이라고 다 시끄러운 것도 아닌데, 어떻게 모든 어린이 손님을 안 받을 수 있어요? 시끄러운 어른들은 내쫓지 않으면서 왜 어린이만….."

"어린이들이 미워서 그런 건 아닌 것 같아. 혹시라도 어린이들이 음식을 먹다가 다칠 수도 있고 위험할까 봐 그랬다는데….."

조은우 씨는 마음이 아프지만 재훈 씨에게 다른 식당을 알아보자고 달랬습니다.

"그것도 이상해요. 어린이들은 어른들보다 서툴러서 다칠 수도 있는데, 그러지 않도록 어른들이 도와줘야 하는 거 아니에요? 다칠 수 있는 곳이면

무조건 어린이들은 오지 말라고 해도 되는 거예요?"

정재훈 씨는 납득할 수 없었습니다.

"엄마, 그럼 레가토에서 생일 파티 못 하는 거예요? 으앙!"

정재율 씨가 울음을 터트리고 말았습니다.

조은우 씨는 생일 파티는 할 수 있다며 정재율 씨를 달래 주었습니다.

다음 날, 조은우 씨는 다른 식당에 예약을 해 보려 했지만, 날짜가 코앞이라 예약이 쉽지 않았습니다.

결국 정재율 씨 가족은 집에서 조촐하게 생일 파티를 하였습니다. 정재율 씨는 아쉬운 하루를, 정재훈 씨는 화가 나는 하루를, 조은우 씨는 아이들에게 미안한 하루를 보냈습니다. 그래서 정재율 씨 가족은 '우리 동네 인권 재판소'를 찾아오게 되었습니다.

어린이를 차별하는 거예요
vs 손님들의 안전을 위해서예요

재판을 요청한 원고들 정재율 씨 가족과 상대방인 피고 양형석 씨는 현재 계속 서로의 주장을 내세우며 다투고 있습니다. 원고들은 정재율 씨의 생일을 앞두고 피고의 '노키즈존' 영업 때문에 정신적 피해를 입었으니 잘못을 인정하고 위자료(누군가의 잘못으로 마음에 상처를 받은 사람에게 이를 위로하기 위해 주는 돈)를 줄 것, 그리고 앞으로 '노키즈존' 영업을 중지할 것을 요구하고 있고, 피고는 자신의 행위는 정당했다며 원고의 요구를 거부하고 있습니다. 양쪽의 주장을 정리해 보았습니다.

단지 어린이가 시끄럽고 위험할 수 있다는 이유만으로 재율이
를 비롯한 10세 미만의 어린이들을 식당에 들어오지 못하게 하
는 것은 나이를 이유로 어린이를 부당하게 차별하는 것이에요.

어린이들을 차별할 마음은 전혀 없다는 점을 말씀드립니다.
원고들은 저희 식당의 단골손님이었고, 저희 식당에서 한 번도
문제를 일으킨 적이 없습니다. 마음이 너무 아프지만, 모두의
안전을 위해서 예약을 거절한 것이니 이해를 부탁합니다.

누구의 안전을 위해서인가요? 어린이들은 어른들과 똑같이 행
동하기 어려워요. 그래서 어른들은 식당에서 어린이들이 안전
하고 조용하게 식사할 수 있도록 도와주어야 할 의무가 있고요.
그런데 사고나 소란을 일으키지도 않은 어린이들을 식당에 들
어오지도 못하게 하는 것은, 어른들의 책임은 포기하고, 어린이
들을 싫어하는 어른 손님들만을 위한 행동 아닌가요?

2013년에 가족 손님이 고기를 굽다가 어린이가 화상을 입어,
식당 주인과 종업원이 피해자들에게 약 4천만 원을 물어준 사
건이 있었어요. 그것 말고도 어린이들이 식당이나 카페에서 안

전 사고를 당했을 때, 주인 잘못이 없는데도 피해를 배상해 주었다는 이야기를 들어서 어린이 손님이 찾아오면 늘 불안했습니다. 또 사용한 기저귀를 그냥 버리고 가거나, 어린이가 실수로 그릇이나 소품 같은 것을 망가뜨렸는데도 미안하다는 사과 한마디 없이 가 버렸다는 무례한 부모들의 이야기도 많이 들었습니다.

여전히 많은 영업장의 시설은 어른들의 편의에 맞춰져 있지, 어린이들의 안전을 충분히 고려하지 못하고 있어요. 고깃집 사건 등에서 안전사고가 발생한 것에 대해 영업장이 책임을 지게 된 것은 그런 이유 때문이에요. 어린이들이 다치거나 다른 사람들에게 피해를 주지 않을 수 있는 방법을 충분히 고민하지 않고 단지 어린이의 출입을 막으려고만 한다면 결국 그 누구도 안전하지 못할 거예요.

레가토를 아담하고 분위기 좋은 이탈리아 레스토랑으로 만들기 위해 오랫동안 많은 노력을 했습니다. 사실 '노키즈존'으로 운영하면 어린이가 있는 가족 손님들을 못 받게 되고 일부 손님들에게 나쁜 인상을 줄 수 있어서 고민을 많이 했어요. 제 힘만으로 모든 손님들의 안전과 취향을 모두 만족시키는 건 어려운 일이라서, 저도 손해를 무릅쓰고 이런 결정을 하게 된 겁니다.

수십 년 전, 미국에서 흑인이라는 이유로 식당이나 대중교통을 이용할 때마다 차별을 받았던 역사를 알고 있어요. 어린이들이 미숙하고 위험할 수 있다는 이유로 '노키즈존'을 운영하는 건 '흑인 출입 금지'라고 써 붙였던 미국 식당들과 본질적으로 다를 바 없는 일이에요. 사람들이 아이를 낳지 않는 게 심각한 사회 문제라고 하면서, 정작 어린이들을 이렇게 차별하는 행위를 허용하는 걸 어떻게 받아들여야 하나요. 이런 '노키즈존'이 어린이들에게 얼마나 큰 상처가 되는지 생각해 보셨나요?

어떤 손님을 받을지 안 받을지 결정하는 것은 주인의 권리 아닐까요? 물론 옛날 미국처럼 그렇게 대놓고 인종 차별 하는 건 잘못이라고 생각하지만…. 일부 국가에서는 비행기에서 어린이가 없는 좌석을 따로 판매하기도 하고 고급 레스토랑이나 비싼 물건을 파는 매장에 어린이 출입을 금지하는 경우도 있다고 들었어요. 우리나라에도 술이나 담배를 파는 곳에서는 어린이의 출입이나 구매를 금지하는데, 계속 말씀드린 것처럼 '노키즈존'도

결국 어린이들의 안전을 위해 설정한 것이니 잘못된 것은 아니라고 생각합니다.

지금까지 이번 사건에서 있었던 일, 그리고 원고와 피고의 주장을 정리해 드렸습니다. 이제 판사님은 양쪽 중 누구의 손을 들어 줄지, 그리고 만약 원고의 주장이 맞다면 피고는 원고에게 위자료로 얼마를 주어야 하는지, 또 피고가 원고에게 사과는 어떻게 해야 하고 식당 운영은 어떻게 해야 할 것인지 등을 결정해야 합니다.

판사님, 잘 읽어 보시고 판결을 내려 주십시오.

노키즈존을 겪은 이야기

판사님, 안녕하세요. 저는 조덕상 변호사라고 합니다. 판사님이 앞으로 더 좋은 판결을 내리실 수 있도록 필요한 지식을 알려 드리기 위해 이렇게 처음으로 편지를 보냅니다.

판사님의 가족, 친척이나 친구들 중에서 혹시 어렸을 때 노키즈존인 식당이나 카페 등에 갔다가 출입을 거절당한 사람들이 있었을까요?

주변에 노키즈존이라고 정해 놓은 장소가 적지 않다 보니, 노키즈존은 당연히 허용되는 것이라고 생각하는 사람들도 적지 않을 것 같습니다. 그래서 판사님은 이번 사건을 과연 어떻게 판결하셨을지 궁금해요.

이번 사건은 2018년, 제주도에 살고 있는 동화 작가 전이수 씨가 실제로 겪었던 일을 각색한 것입니다. 당시 11세였던 전이수 씨가 8세였던 동생 전우태 씨와 함께 레스토랑에 들어가려 했는데 출입을 거부당해 동생이 눈물을 흘렸다는 이야기를 일기에 적었는데, 그 일기를 인스타그램에 공개해서 화제가 되었지요. 전이수 씨는 영화 '인생은 아름다워'에서 "아빠! 왜 개와 유대인은 가게에 들어갈 수 없어요?"라는 아들의 대사를 인용하기도 했습니다.

두 아이의 아빠인 저도 노키즈존을 경험한 적이 있지요. 아이들과 여행을 가려고 숙소를 알아보다 노키즈존이라며 예약을 거절당한 일도 있고, 아이들과 저녁을 먹으러 갔는데 그 식당이 노키즈존이라는 걸 뒤늦게 알고 고민하다 다시 나온 적도 있었어요. 그때 저도 전이수 씨처럼 화도 나고 서글프기도 하고 여러 감정이 뒤섞였던 기억이 납니다. 그 이후로 노키즈존 문제는 제게도 깊이 생각해 볼 숙제가 된 셈이지요.

최근에는 어떤 아파트 관리 사무소에서, 위험하고 시끄럽다면서 놀이터에서 아이들의 공놀이를 금지하는 황당한 안내문을 붙여 놓은 일이 있었어요. 그러자 그 아파트에 살던 7세 김여림 어린이의 어머니인 구진영 씨는 법원을 찾아가 이 안내문이 어린이의 권리를 침해하고 있으니 없애 달라고 요청했어요. 그래서 법원이 아파트 관리 사무소에, 아파트 각 동 1층에 사과문을 붙여 놓도록 하는 결정을 내린 일도 있었답니다.

국가인권위원회의 노키즈존 결정

한국에는 '국가인권위원회'라는 공공 기관이 있습니다. 모든 사람의 인권을 보호하기 위해 만든 공공 기관인데, 누군가 다른 사람을 부당하게 차별하면 그걸 조사하고 피해자를 구제하는 일을 하고 있어요. 차별을 당한 사람 또는 그 사실을 알고 있는 사람이나 단체는 국가인권위원회에 '진정'을 넣을 수 있고(『국가인권위원회법』 제30조), 국가인권위원회는 이렇게 진정이 들어오면 차별이 있었는지 조사해 본 후 차별이 인정되면 그걸 바로잡기 위해 진정을 당한 사람(피진정인)에게 차별을 중지하고 피해자의 피해를 구제할 것 등을 권고할 수 있답니다(『국가인권위원회법』 제44조).

국가인권위원회에 접수된 '노키즈존'과 관련된 진정은 언론 기사로 알려진 것만 4번이나 있었어요.

(1) 어떤 식당에서 13세 이하 어린이의 출입과 이용을 금지했던 사건.

(2) 아파트 단지에 있는 헬스클럽 동호회에서 어린이의 회원 가입을 금지했던 사건.

(3) 아파트 단지에 있는 수영장에서 어린이가 자유 수영 하는 것을 금지했던 사건.

(4) 백화점에 있는 우수 고객 휴게실에서 10세 미만의 어린이 출입을 금지했던 사건.

국가인권위원회는 이들 모두에 대해 '나이를 이유로 한 부당한 차별'이라고 판단했어요.

그러면서 차별 행위를 한 사람들에게 그런 행위를 중지하고 어린이들도 안전하고 평등하게 서비스를 이용할 수 있게 해 줄 것을 권고했지요. 국가인권위원회는 한국의 『헌법』과 함께, 한국을 포함한 세계 여러 나라들이 어린이의 권리를 지키기 위해 함께 만든 약속인 『UN아동권리협약』도 참고해서 이렇게 결정을 내린 것이랍니다.

국가인권위원회에서 차별을 하지 말라고 권고를 받은 피진정인이 그 권고대로 하지 않으면 어떻게 될까요? '권고'라는 말은 무언가를 하도록 설득하고 권장한다는 의미이지, 억지로 시키거나 강요하는 것은 아니에요. 그래서 위와 같은 권고를 피진정인이 따르지 않았다고 해서, 그에게 국가가 벌을 줄 수는 없습니다.

그런데 여기서 중요한 이야기를 꼭 해 주고 싶어요. 우리가 어떤 행위를 했을 때 벌을 받지 않는다고 해서, 그걸 해도 괜찮다는 의미는 아니죠. 예를 들어 어떤 어린이가 친구에게 거짓말을 했다고 해서 경찰이나 시청 직원이 잡으러 오지는 않지요. 하지만 그렇다고 해서 친구들에게 거짓말을 해도 괜찮다거나, 거짓말은 잘못이 아니라고 이야기할 수는 없겠죠?

노키즈존도 그렇게 이해할 수 있을 거예요. 어떤 사람이 장사를 하면서 '노키즈존'을 운영한다고 해서 국가에서 벌을 주거나 장사를 못 하게 하는 법은 아직까지 없어요. 하지만 단순히 어린이들이 다치거나 다른 손님들을 방해할 수 있다는 이유로 '노키즈존'을 운영하는 것은 어린이를 부당하게 차별하는 행위라고 할 수 있어요(여기서 말하는 '노키즈존'은 술집과 같이 법으로 어린이의 이용이 금지된 곳이 아니에요.).

사람마다 생각이 다를 수 있겠지만, 국가인권위원회라는 기관에서 여러 번 '노키즈존'에 대해 차별이라고 이야기한 것을 우리 모두 무겁게 받아들여야 합니다. 여러분이 배우는 '도덕', '윤리'에 해당하는 이야기니까요.

이렇게 누군가를 부당하게 차별하는 행위가 잘못임에도 불구하고 벌을 받지 않으니, 차별을 막기 위한 여러 가지 방법을 담은 『포괄적차별금지법』을 만들자고 주장하는 사람들도 많아요. 이 법이 만들어진다면, 노키즈존이 차별이라는 판단을 받았는데도 불구하고 계속 노키즈존을 운영하려는 사람이 있으면, 그러지 못하도록 많은 돈을 내게 하는 등 강력한 수단을 동원할 수도 있어요. 물론 그런 일이 벌어지지 않도록 우리 모두 노력하는 것이 더 중요하겠죠.

'케어키즈존'은 괜찮을까요?

'노키즈존'을 옹호하는 사람들도 많지만, 비판하는 사람들도 많아요. 그래서인지 최근에는 '노키즈존' 대신 '케어키즈존'(또는 키즈케어존)이라고 밝히는 장소들이 생겼습니다. 어린이들이 들어와 이용할 수 있지만, 어린이들이 안전사고를 입거나 영업장에 피해를 주지 않도록 보호자들이 주의해 달라는 의미라고 해요. 보호자가 부주의해서 어린이나 다른 사람들이 피해를 입었을 경우, 영업장에서는 책임을 지지 않겠다는 내용을 적어 놓기도 합니다.

사실 이런 내용은 법적으로는 큰 효력이 없어요. 손님에게 안전사고가 발생해서 재판을 하게 되면, 법원에서는 영업장이 과연 안전한 시설을 갖추고 있었는지, 안전사고를 막기 위해 얼마나 주의를 기울였는지를 꼼꼼히 살펴보기 때문이에요.

이 '케어키즈존'에 대해서도 사람들의 의견은 다양해요. 어린이와 보호자들에게 정중하게 조심해 달라고 이야기하는 것이니 괜찮다고 생각하는 사람들도 있어요. 하지만 오히려 저런 표시가 어린이들과 보호자들을 위축되고 불안하게 만든다는 사람들도 있어요. 어린이가 안전할 수 있도록 영업장이 안전한 환경을 만들 의무가 있는데, 어린이에게 발생하는 모든 사고의 책임을 어린이와 보호자에게 떠넘기는 태도라는 것이죠. 판사님께서는 이 케어키즈존에 대해서도 생각해 보셨으면 좋겠습니다.

'노키즈존'을 다시 생각하며

판사님이 정재율 씨 가족 사건에 대해 어떤 결정을 하셨든, 저는 판사님의 생각을 존중합니다. 마지막으로 저는 이런 질문을 던지고 싶어요.

"한국 사회가 모두의 안전을 위해 각자가 어떻게 해야 할지를 충분히 고민하는 곳이었다면 '노키즈존'이 이렇게 많이 늘어났을까?"

"어린이와 보호자, 영업장의 주인들이 각자의 역할과 영역을 존중하면서 어떻게 행동하고 대처해야 할지 충분히 대화를 나눌 수 있었다면 '노키즈존'은 필요 없지 않았을까?"

부디 정재율 씨 가족과 레가토의 사장님이 서로의 상처와 어려움을 이해하고 다시 함께 근사한 추억을 만들 수 있게 되기를 간절히 바랍니다.

원고, 피고, 피고인

판사

하아… 첫 재판이 이렇게 끝났네요, 연구원님.

이소리

정말 고생 많으셨어요, 판사님.

판사

노키즈존 사건으로 재판을 하니까 마음이 많이 아팠어요. 저도 노키즈존에서 출입을 제한당한 적이 있었거든요. 그래서 더 공감되고 속상하더라고요.

이소리

저도 재판을 준비하면서 재율이네 가족이 얼마나 속상했을지 생각하니 마음이 무거워졌어요. 한편으로는 그런 결정을 내릴 수밖에 없었던 피고의 입장도 이해가 되더라고요. 앞으로도 이런 문제에 계속 관심을 가지고 지켜봐야겠어요.

판사

참, 처음 재판을 하면서 '**원고, 피고**'라는 말을 들었는데 헷갈리더라고요.

이소리

아, 그랬군요. 설명해 드릴게요. 먼저 '**원고**'는 **재판을 먼저 신청한 사람**을 말해요. 법원이 재판을 하려면 서로 다투는 사람들 중 한쪽이 법원에 찾아와 재판을 해 달라고 요청을 해야 하거든요. 이걸 '**소송을 제기한다**'는 말로 표현해요.

판사

아! 그러면 '**피고**'는 '**재판에서 원고의 상대방이 되는 사람**'인 거죠?

이소리

맞아요. 원고가 소송을 제기하면, 법원이 확인하고 문제가 없으면 피고에게 그 사실을 알립니다. 그러면 양쪽이 서로 주장을 주고받으면서 재판을 하게 되죠.

판사

참, '피고인'이라는 말도 들어 봤는데 이건 뭐예요?

이소리

'피고'랑 혼동하는 사람들이 많은데, '**피고인**'은 **법을 어겨 범죄를 저질렀다는 이유로 형사 재판을 받는 사람**을 말해요. 원고-피고가 있는 재판과 달리, 형사 재판에서는 국가를 대표하는 검사가 피고인을 처벌해 달라고 법원에 신청하게 돼요. 이것은 '**공소를 제기한다**'는 말로 표현해요.

판사

아, 그렇구나. 비슷하지만 완전히 다른 말이었군요.

이소리

네, 판사님. 이번에 배우셨으니, 앞으로는 헷갈리지 않게 꼭 기억해 두세요.

"당사국은 장애인이 TV 프로그램, 영화, 연극 등을 누리고 극장, 박물관, 영화관, 도서관 등 문화 활동을 위한 장소에 접근할 권리를 보장한다."

"당사국은 장애인이 스포츠, 레크리에이션, 여행 장소에 접근할 권리를 보장한다."

– 『UN장애인권리협약』 제30조

2장_
놀이기구도 타고,
영화도 볼 수 있어야 해요

안녕하세요, 판사님. 저는 주승진 재판 연구원입니다.

이번에 판사님께서는 두 개의 장애인 사건 재판을 맡아 주시게 됐습니다.

첫 번째 사건의 원고는 시각 장애인 홍희관 씨이고, 피고는 '미라클 월드' 놀이공원입니다.

두 번째 사건의 원고는 역시 시각 장애인 홍희관 씨이고, 피고는 '명작' 영화관입니다.

원고는 미라클 월드에서 놀이기구를 타려다가 '시각 장애인'이라는 이유로 탑승을 거부당했고, 명작에서는 시각 장애인이 영화를 보기 위해 필요한 보조 수단을 제공해 주지 않아서 영화를 보지 못했습니다. 원고는 자신이 장애인이라는 이유로 피고들에게 부당한 차별을 받았다고 주장하고, 피고들은 안전과 비용 문제 때문이지 원고를 차별한 것은 아니라고 반박하고 있습니다.

이번 두 개의 사건에서도 판사님의 현명한 판결을 기다립니다.

놀이기구를 타는 게 위험하다고요?

이번 사건들의 원고인 홍희관 씨(남, 35세)는 20대부터 희귀한 유전병으로 인해 시력이 점점 약해졌고, 5년 전에는 양쪽 눈의 시력을 완전히 잃은 시각 장애인입니다.

시력을 잃었지만 희관 씨는 활동을 돕는 활동 보조인과 지인들의 도움으로 일상적인 이동과 여행도 가능합니다. 혼자 이동할 경우에는 지팡이와 같은 활동 보조 기구를 사용하며, 글자와 음성을 서로 바꾸어 주는 기계나 프로그램의 도움을 받아 책을 읽고 업무를 할 수 있습니다.

희관 씨는 최근 두 번이나 장애인으로서 부당한 차별을 받았다며 인권 재판소를 찾아왔습니다. 한 번은 놀이공원에서, 한 번은 영화관에서 말이지요. 희관 씨는, 이런 일들을 그냥 참고 넘어간다면 희관 씨 같은 장애인들은 장애 때문에 계속 차별을 받을 것이라 생각해서 재판을 시작하게 되었다고 합니다.

판사님이 잘 이해하실 수 있도록 사건 보고서를 두 개로 나누어 정리해 드리겠습니다.

첫 번째 사건은 놀이공원에서 발생했습니다.

화창했던 어린이날, 희관 씨는 연휴를 맞아 친구들과 함께 '미라클 월드'라는 놀이공원을 찾았습니다. 원래 활달한 성격인 희관 씨는, 시력을 잃기 전에도 놀이공원에서 무서운 놀이기구 타는 것을 즐겼습니다. 다른 친구들이 놀이기구에서 눈을 질끈 감을 때도, 희관 씨는 만세를 부르며 우스운 표정을 짓곤 했습니다.

미라클 월드에는 최근, 매우 높고 빠른 롤러코스터인 '데스밸리 익스프레스', 고속으로 회전하며 위아래로 움직이는 놀이기구 '스톰 샤워', 폭발하는 화산을 연상시키는 놀이기구인 '볼케이노 헬게이트'가 새로 설치되었습니다. 그 소식을 들은 희관 씨는 놀이기구를 타던 추억이 다시 새록새록 떠올랐습니다. 설레던 희관 씨는 친구들과 미라클 월드에 놀러 갔습니다.

"새로 생긴 놀이기구들이 그렇게 재밌다는데 하나씩 꼭 타 보고 가자."

"으으… 난 너무 무서운데….."

"무서운 사람은 멀리서 잘 구경하세요. 자, 갑시다!"

희관 씨는 놀이기구를 같이 탈 친구와 팔짱을 끼고 '데스밸리 익스프레스'부터 찾았습니다. 연휴라 사람들이 정말 많았지만 희관 씨는 기꺼이 기다렸습니다. 드디어 희관 씨 일행이 입장할 차례가 되었는데, 놀이기구 안내 직원이 희관 씨를 보더니 말했습니다.

"잠깐만요. 혹시 이분은 시각 장애인이신가요?"

"네, 그렇습니다만 무슨 일이시죠?"

"저… 죄송합니다만 저희 놀이공원 규정상 시각 장애인은 이 놀이기구를 이용할 수 없게 되어 있어서요, 탑승을 도와드릴 수 없을 것 같습니다."

"아니, 무슨 이유로 못 타게 되어 있는 거죠?"

"장애인 손님들의 안전 때문입니다. 시각 장애인이 놀이기구를 타면 큰 충격을 받을 수도 있고, 놀이기구가 고장 나서 멈추면 빨리 대피를 해야 하는데 그게 어려워서요"

희관 씨와 동행한 친구가 놀이기구 안내문을 살펴보니, 놀이기구를 타기 위해서는 정상 시력이 필요하다고 적혀 있었고, 장애인은 놀이기구를 탈 수 없다는 그림 기호가 붙어 있기도 했습니다.

희관 씨는 황당했습니다.

"아니, 직접 운전을 할 필요도 없고, 놀이기구에 잘 앉아서 타기만 하면 되는데 왜 위험하다는 거죠? 그리고 놀이기구가 멈추면 제가 대피할 때 다른 사람들이 도와주면 되잖아요."

　희관 씨는 시각 장애인이 놀이기구를 타면 위험하다는 직원의 말을 전혀 이해할 수 없었습니다. 하지만 기다리는 사람들이 계속 수군거리기도 하고, 여기서 계속 싸워도 해결되지 않을 것 같아 희관 씨는 일단 물러났습니다. 희관 씨는 '스톰 샤워', '볼케이노 헬게이트'에도 갔지만 거기에도 시각 장애인은 탈 수 없다는 안내문이 붙어 있었습니다.

　결국 희관 씨는 그날 미라클 월드에 새로 생긴 놀이기구들을 하나도 타지 못한 채 돌아가야 했습니다.

우리는 위험하지 않아요
vs 안전을 생각해야 해요

첫 번째 사건에서 원고는 미라클 월드에서 시각 장애인이 놀이기구를 타지 못하게 한 건 부당한 차별이라고 주장하고 있어요. 우리 법에서는 장애를 이유로 서비스를 제공하지 않는 것을 금지하고 있는데, 피고 미라클 월드가 바로 그 잘못을 했다는 거예요. 그래서 원고는 피고 미라클 월드에게,

(1) 시각 장애인이 놀이기구를 탈 수 없도록 정해 놓은 놀이공원 규칙과 안내문을 고칠 것.

(2) 놀이기구를 부당하게 타지 못하게 해서 입은 정신적 피해를 배상할 위자료를 줄 것.

이 두 가지를 요구했습니다.

반면 피고 미라클 월드는 모든 방문객들의 안전을 지키는 게 가장 중요하다고 주장하고 있습니다. 놀이공원에서 시각 장애인이 무서운 놀이기구를 타지 못하게 한 것은 장애인을 차별한 것이 아니라 오히려 장애인의 안전을 위해 필요한 조치라고 말입니다. 피고의 주장에 따르면, 평소 장애인들도 놀이공원을 즐길 수 있는 환경을 만들어 놓았지만, 이번 사건처럼 비장애인들도 타기 어려운 놀이기구들은 시각 장애인들에게는 더욱 위험할 수 있기 때문에 부득이하게 탑승을 금지할 수밖에 없었다고 합니다.

그럼 양쪽의 주장을 정리해 보겠습니다.

시각 장애인도 비장애인들과 똑같이 놀이기구를 타는 데 아무런 지장이 없어요. 제가 위험에 빠지거나 다른 사람에게 피해를 줄 가능성이 없는데도 놀이기구를 못 타게 하는 건 차별이에요.

 시각 장애인들은 비장애인들보다 주변 상황을 알아차리는 능력이나 반사 속도가 느리다 보니, 놀이기구를 타다 몸에 더 큰 충격을 받을 수 있어요. 손님이 크게 다치게 되면 저희 놀이공원은 큰 손해를 입고, 안전 관리에 최선을 다한다는 저희의 이미지도 크게 나빠질 수 있습니다.

놀이기구를 탈 때 무서우면 눈을 감는 비장애인들도 많은데, 그 사람들에게 주변을 보지 못하면 위험하니까 눈을 감지 말라고 안내하지는 않잖아요? 시각 장애인들도 비장애인들과 마찬가지로 안전에 필요한 내용을 잘 안내받고 안전장치를 잘 한다면 아무 문제가 없어요. 그런데도 막연히 위험할 것이라고 주장하는 건 장애인에 대한 잘못된 편견 때문이에요.

자주 있는 일은 아니지만, 놀이기구에 이상이 생겨 갑자기 멈추게 되면 손님들이 안전하게 탈출해야 합니다. 그런데 시각 장애인은 걸어서 비상계단을 내려가는 것이 쉽지 않고, 구조대원들이 와서 구조할 때도 어려움이 있을 수 있어요. 놀이기구를 타는 것 자체는 위험하지 않을 수 있지만, 비상 상황이 발생했을 때는 시각 장애인에게 무슨 일이 벌어질지 예측할 수 없으니 예방 차원에서 그렇게 한 것입니다.

시각 장애인은 이동을 보조해 주는 사람이 있으면 계단을 오르내릴 수 있어요. 그리고 계단을 이용하지 못하고 구조대원의 구조를 기다려야 하는 상황이라면 비장애인과 마찬가지로 안전하게 기다리고 있다가 구조대원의 구조를 받으면 돼요. 비상 상

황에서도 이렇게 비장애인과 다를 게 없으니 똑같이 놀이기구
에 탑승할 수 있어야 해요.

저희는 평소에 장애인 손님들을 위해 이동을 지원하거나 다른
놀이기구를 먼저 탑승할 수 있도록 해 드리고 있습니다. 그런
만큼 저희는 원고를 장애인이라는 이유로 부당하게 차별할 의
도는 전혀 없었어요. 모든 손님의 안전을 지키기 위해 늘 철저
하게 준비하고 대응해야 한다고 생각하고 있습니다. 그래서 만
에 하나라도 장애인들에게 위험할 수 있다면 놀이기구 탑승을
금지해야 한다는 게 저희의 확고한 입장입니다.

보고 싶어도 볼 수 없는 그 영화

이제 두 번째 사건 보고서를 시작하겠습니다.

이번 사건은 놀이공원 사건으로부터 약 한 달 뒤, 영화관에서 발생했습니다. 희관 씨는 친구들과 영화를 보러 영화관에 가기로 했습니다. 마침 희관 씨가 좋아하던 시리즈의 영화 후속편이 몇 년 만에 나온다는 소식에 무척 기대하고 있었지요. 희관 씨는 영화를 직접 눈으로 볼 수는 없지만, 화면 해설(해설자가 영화의 상황을 말로 설명해 주는 것)과 한국어 더빙(외국어로 제작된 영상에 성우들이 한국어로 연기한 목소리를 입힌 것)과 같은 보조 수단이 있으면 함께 영화를 즐길 수 있어요.

희관 씨가 살고 있는 마을에는 '명작'이라는 큰 멀티플렉스 영화관이 있습니다. 영화가 개봉하기 전 희관 씨는 영화에 대한 정보를 알고 싶었는데, 영화관 홈페이지는 희관 씨가 보조 기기를 통해 정보를 얻을 수 있게 만들어지지 않았어요. 그래서 친구들을 통해 영화 정보를 확인하고 상영 예정 시간표를 살펴보았는데, 희관 씨가 보고 싶었던 그 영화는 자막 버전만 나와 있었고, 한국어 더빙이나 화면 해설은 제공되지 않았습니다. 어쩔 수 없이 근처 다른 동네에 있는 '명작' 영화관도 알아보았지만, 어디에도 한국어 더빙과 화면 해설을 제공해 주는 곳은 없었습니다.

희관 씨는 '명작' 영화관에 직접 찾아갔습니다.

"저는 시각 장애인입니다. 이 영화를 오래전부터 꼭 보고 싶었는데 화면 해설이나 한국어 더빙이 전혀 제공되지 않아서 볼 수가 없어요. 이건 장애인을 차별하는 거 아닌가요?"

"손님, 죄송합니다. 저희 영화관에서는 필요한 장비가 없어서 제공해 드리기 어려워요."

"그런 장비가 없다고요? 몇 달 전 다른 영화제에 갔을 때에는 제가 영화를 볼 수 있게 화면 해설을 해 주는 장비가 마련되어 있었어요. 이번 기회에 준비해 주시면 되잖아요."

"음… 그런 장비를 영화관마다 설치하고 계속 관리하려면 비용이 정말 많이 듭니다. 손님의 사정은 이해하지만 저희는 이익을 남겨야 하는 회사다 보니 어려운 상황입니다."

"그런 장비를 갖춘다고 해서 영화관이 손해를 보고 망할 정도는 아니잖아요. 모든 영화관이 이런 식이면 저 같은 장애인들은 대체 어디서 영화를 볼 수 있는 거죠?"

"손님, 저희도 너무 안타깝습니다만 당장은 해 드릴 수 있는 방법이 없어요. 손님과 같은 장애인분들도 영화를 즐길 수 있도록 시설을 개선하자는 의견은 본사에 전달하겠습니다."

포기할 수 없었던 희관 씨는 다른 영화관에서 영화를 볼 수 있는지 알아보았지만, 상황은 크게 다르지 않았습니다.

영화관에서 영화를 보기 어려운 건 희관 씨 같은 시각 장애인만의 문제가 아니었습니다. 청각 장애인들에게는 보청기나 자막, 수어 통역 등이 필요한데, 이런 수단들이 제공되지 않아 비장애인들과 같은 영화를 보는데도 내용을 이해하기 어려운 경우가 많았습니다.

장애인을 차별하는 거예요
vs 그럴 수밖에 없는 이유가 있어요

두 번째 사건에서 원고 희관 씨는 피고 명작에게,

(1) 시각 장애인도 쉽게 알 수 있도록 영화와 영화관 관련 정보를 제공할 것.

(2) 화면 해설과 더빙 영화를 제공할 것.

(3) 이런 보조 장치가 없어서 보고 싶은 영화를 보지 못하게 했으니 위자료를 줄 것.

이와 같이 요구하고 있습니다.

피고 명작은 원고의 처지가 안타깝지만, 장애인들을 위한 편의 시설을 영화관마다 갖추려고 하면 너무 많은 비용이 들어 현실적으로 어렵다고 주장하고 있습니다. 장애인들이 영화를 볼 수 없게 된 건 맞지만, 거기에는 정당한 이유가 있다는 것이지요.

양측의 주장을 정리해 보면 다음과 같습니다.

시각 장애인도 비장애인들처럼 영화관에서 좋은 영화를 볼 권리가 있어요. 그런데 영화관에서 시각 장애인들에게 미리 영화에 대한 정보를 접할 수 있는 정보를 주지 않았고, 영화 내용을 알 수 있도록 화면 해설이나 한국어 더빙도 제공하지 않은 것은 결국 시각 장애인을 차별한 거예요.

저희 영화관은 손님들의 쾌적한 영화 관람을 위해 여러 가지로 노력하고 있습니다만, 모든 손님들의 요구를 다 만족시켜 드릴 수는 없습니다. 원고가 요구하는, 점자나 크게 확대된 글자로 된 안내 자료, 화면 해설, 한국어 더빙을 모두 갖추려면 막대한 비용이 듭니다.

시각 장애인들이 화면 해설이나 한국어 더빙을 한 작품들을 즐길 수 있게 해 주는 장치는 다양하게 나와 있어요. 기술이 많이 발달했고, 시각 장애인들도 스마트폰을 사용하는 사람들이 많아서 비장애인들과 함께 영화를 보는 데 별 지장을 주지 않는 방법도 있어요. 이런 것들을 마련한다고 정말 영화관이 망할 정도로 많은 비용이 들까요? 그렇지 않을 거예요.

저희 영화관은 만들어진 영화를 구입해 스크린으로 틀어 주고 있어요. 사실 영화를 만들거나 파는 회사들이 화면 해설이나 한국어 더빙을 잘 해 주지도 않아요. 만약 해 준다고 해도 모든 상영관에 그런 장비를 갖추려고 하면 생각보다 많은 비용이 들고, 설치한 후에 관리하는 것도 어렵습니다. 그런 어려움이 있다는 걸 꼭 말씀드리고 싶어요.

이런 문제를 이야기하면 늘 '비용' 이야기를 해요. 마치 원래는 그런 비용을 쓰지 않아도 되는데, 장애인들 때문에 불필요한 비용이 더 드는 것처럼 말이죠. 그런데 반대로 생각해야 하지 않을까요? 모든 사람이 평등하게 영화를 보기 위해서 영화관이 예전부터 당연하게 시설을 마련했어야 하는데도, 그동안 부당하게 돈을 쓰지 않았던 것 아닌가요? 비용이 많이 든다 아니다를 따질 문제가 아니라는 겁니다.

저희는 이익을 내야 하는 기업인데, 요 몇 년 동안 코로나19 때문에 손님이 많이 줄어서 몇몇 영화관은 문을 닫을 정도로 상황이 심각했습니다. 이런 상황에서 원고가 요구하는 것처럼 모든 상영관에 저런 보조 장비를 설치해야 한다고 하면 타격이 너무 큽니다. 이런 상황에서도 저희가 원고를 차별했다고 한다면 너무 심한 주장 같습니다.

지금까지 두 개의 사건에서 있었던 일과, 원고와 피고들의 주장을 정리해 드렸습니다. 판사님은 이 사건들에서, 피고들이 시각 장애인인 원고를 부당하게 '차별'했는지를 판단하셔야 합니다. 그리고 차별이 있었다고 판단하면, 피고들은 앞으로 원고를 위해 어떤 일들을 해야 할지, 원고에게 위자료는 얼마나 주어야 할지를 결정하시면 되고, 차별이 아니라고 판단하면 왜 차별이 아닌지를 원고에게 설명해 주셔야 합니다.

판사님, 그럼 현명한 판결을 내려 주십시오.

직접 타 보면 알 수 있는 일

판사님, 안녕하세요. 조덕상 변호사입니다.

장애인 차별을 다룬 두 개의 사건에 대한 판결을 어떻게 내리셨나요? 이 사건들은 모두 한국에서 실제 있었던 일을 각색한 것입니다. 판사님이 이번 사건들을 살펴보시면서 비장애인들이 잘 모르는 장애인 차별 문제에 대해 깊이 생각해 보게 된다면 좋겠습니다.

놀이기구 사건부터 보면, 2015년 5월에 경기도 용인에 있는 에버랜드에 3명의 시각 장애인이 비장애인 동료들과 함께 놀러 가서 롤러코스터 같은 놀이기구를 타려고 했다가 모두 탑승을 거부당했습니다. 장애인들은 법원을 찾아갔어요. 한국에는 『장애인차별금지법』이 있어서, 물건을 팔거나 서

비스를 제공하는 사람이 정당한 사유 없이 장애인을 불리하게 대우하는 것을 금지하고 있어요. 차별 행위를 당한 장애인은 상대방에게 차별 행위를 더 이상 하지 말 것, 차별 행위 때문에 마음의 상처를 받은 것에 대한 위자료를 줄 것을 요구할 수 있죠.

실제 재판에서 법원은 '시각 장애인이 놀이기구를 타면 정말 위험한지'를 철저하게 따져 보았답니다. 먼저 비장애인 6명에게 놀이기구들을 타게 하면서, 그중 3명에게는 안대를 착용하게 했어요. 에버랜드에서는 시각 장애인의 몸에 더 심한 부담이나 충격이 올 수 있다고 주장했지만, 실험을 해본 결과는 전혀 그렇지 않았어요. 시각 장애인이 놀이공원의 놀이기구를 타는 데 별 지장이 없다는 외국의 연구도 나와 있었어요.

법원은 또, 놀이기구가 갑자기 멈췄을 때 시각 장애인이면 더 위험할 수 있다는 에버랜드의 주장도 실험을 통해 검증했어요. 시각 장애인과 비장애인이 함께 놀이기구를 타다가, 중간에 멈췄을 때 비상계단을 통해 대피하는 상황을 실험해 보니, 시각 장애인이 대피를 하는 데 아무런 문제가 없었어요. 또 비상계단을 사용할 수 없는 위치에 멈췄다면, 그때는 시각 장애인과 비장애인 모두 차분히 기다리다 구조대원의 구조를 기다리면 되니까 역시 문제가 될 것이 없었죠. 막연히 위험할 것이라고 생각하는 것과 실제 현실이 크게 다를 수 있다는 걸 잘 보여 준 사건이었습니다.

여기까지 설명드렸으니, 실제 사건의 재판 결과가 어땠을지 판사님은 감이 오시죠? 법원은 2018년에 1심, 2023년에 2심 판결을 내렸는데, 모두 시각 장애인들의 손을 들어 주었어요. 법원은 시각 장애인의 탑승을 금지하는 안내 문구를 모두 삭제하고, 시각 장애인들에게 안전을 위해 필요한 내용을 충분히 설명해 주도록 했습니다. 적은 액수지만 위자료도 지급하라고 했고요.

에버랜드는 뒤늦게 판결을 받아들여 시각 장애인도 모든 놀이기구를 이용할 수 있도록 조치하기로 했어요. 9년이라는 시간이 걸린 것은 씁쓸하지만요.

청각 장애인도 탈 수 없었던 놀이기구

2019년에는 청각 장애인 부부가 강원도 정선에 있는 하이원 리조트에 가서 '알파인코스터'라는 놀이기구를 타려고 했는데, 놀이공원에서는 '청각 장애인은 안내 방송을 듣지 못하고, 심장에 문제가 생길 수 있다'는 이유로 부부의 탑승을 거부했습니다.

이 청각 장애인 부부는 '알파인코스터' 사건을 법원이 아닌 국가인권위원회로 가져갔고, 국가인권위원회는 하이원 리조트가 청각 장애인들의 탑승을 거부한 건 '장애를 이유로 한 차별'이라고 판단했어요. 국가인권위원회는 이 놀이기구가 조작이 간편한 데다, 어린이도 혼자 탈 수 있는 만큼, 청각 장애인에게 안전 사항을 충분히 설명하고 안전 표지판을 중간에 설치해

두면 문제가 없다고 판단했거든요.

국가인권위원회의 결정이 나온 후, 하이원 리조트는 놀이기구 코스에 반사 거울과 위험을 알리는 표지판을 설치해서 청각 장애인도 놀이기구를 이용할 수 있도록 바꾸었답니다.

외국에 있는 놀이공원에서는 이렇게 장애인이라는 이유로 무조건 놀이기구 탑승을 금지하는 일은 찾아보기 어려워요. 놀이기구를 타기 전에 충분한 안내를 받고 안전 요원의 지시를 잘 따르면, 누구나 평등하게 놀이기구를 탈 수 있기 때문이에요.

장애인이 영화를 보지 못하는 것도 차별이에요

자, 이제 영화관 사건에 대해서도 말씀드리겠습니다.

2016년, 시각 장애인 2명과 청각 장애인 2명은 멀티플렉스 영화관들(CGV, 롯데시네마, 메가박스)에게 장애인 차별을 중지하고 장애인들도 원하는 영화를 볼 수 있도록 정보와 편의 수단을 제공하라고 요구했어요.

영화관에서 장애인들의 출입을 금지한 적은 없지만 장애인들에게 필요한 장치들이 없어서 영화관에 가도 영화를 볼 수 없다면, 결국 영화를 보지 못하게 막은 것과 마찬가지라 볼 수 있어요. 이런 형태의 차별을 한국의 『장애인차별금지법』에서는 '간접 차별'이라고 합니다. 이런 간접 차별도 직접 차별과 마찬가지로 정당한 사유가 없으면 부당한 차별로 봅니다.

실제 사건에서는 희관 씨처럼 위자료는 요구하지 않았습니다. 시각 장애인들은 영화를 상영할 때 화면 해설을, 청각 장애인들은 자막 제공을 요구했어요.

이와 같이 장애인들도 비장애인들과 함께 즐길 수 있도록 화면 해설이나 더빙, 자막 등이 함께 제공되는 영화를 '배리어프리(Barrier-free)' 영화라고 부릅니다. 영화를 보지 못하게 하는 여러 가지 '장벽'을 없애거나 낮춘 영화라는 뜻이에요.

이 사건에 대해서도 2017년 1심과 2021년 2심, 이렇게 두 번의 판결이 있었어요. 법원에서는 모두, 영화관들이 장애인들을 위한 영화 정보와 영화를 감상할 때 필요한 보조 수단을 제공하지 않는 것은 장애인에 대한 차별이라고 보고, 자막이나 화면 해설을 제공받은 영화를 장애인에게 충분히 제공하라고 판결했어요. 하지만 놀이기구 사건과 달리 영화관들이 2심 판결을 받아들이지 않고 상고해서 대법원의 마지막 판결을 기다리고 있지요.

2016~2021년 동안, 위 영화관들이 배리어프리 영화를 상영한 상영관 수는 전체의 1~3% 정도에 불과하고, 배리어프리 영화 상영 횟수는 전체의 1%도 되지 않았어요. 영화 100편을 상영하면 배리어프리 영화는 1~3편 정도밖에 안 된다는 이야기죠. 또 배리어프리 영화를 보여 주는 시간대가 대부분 평일 이른 시간대라서, 그 시간에 일을 하는 장애인들은 배리어프리 영화를 보러 가기 어려웠지요.

하지만 영화관들은 여전히 대법원 판결을 기다리면서 배리어프리 영화 상영을 늘리지 않고 있어요. 다만 '영화진흥위원회'라는 공공 기관에서, 영화관들이 배리어프리 영화 상영에 필요한 장비를 구입하는 데 드는 비용을 일부 지원해 주기로 했답니다.

앞으로 배리어프리 영화를 영화관에서 얼마나 볼 수 있을지 지켜봐야겠지요?

편견을 걷어 내면 차별도 없어요

판사님께서는 위 두 사건에 대한 판결을 어떻게 내리셨나요?

두 사건에서 장애인을 차별했다고 판단할 수 있는지, 또 장애인에 대한 차별을 없애기 위해서는 어떤 것들이 필요한지 결정하기가 쉽지 않았을 것 같습니다. 장애인 차별을 판단하기 위해서는 비장애인들이 장애인에 대해 갖고 있는 편견·오해와 끊임없이 싸워야 하고, 장애인들이 실제로 겪는 어려움과 그 해결 방법이 뭔지 열린 마음으로 배우는 자세가 필요해요.

이번 사건을 계기로, 판사님도 앞으로 장애인이 비장애인들과 평등하게 어울리며 살 수 있는 사회를 만드는 데 함께 노력해 주시기를 바랍니다.

법과 판례 찾기

주승진
판사님, 이번 재판은 어떠셨어요?

판사
사건 두 개를 함께 고민하는 게 어렵기도 했지만, 재미있기도 했어요.

주승진
그랬군요. 이번에 『장애인차별금지법』은 처음 보셨을 것 같아요.

판사
아, 맞아요. 그런데 한국에는 도대체 법이 몇 개나 있을까요?

주승진
저도 궁금해서 한번 찾아봤는데 국회에서 만든 '법'과 중앙 정부에서 만드는 '법규 명령'을 합치면 5,400개가 넘는다고 하네요 (2025년 6월 기준).

판사
와! 생각만 해도….

주승진
여기에 각 지방 자치 단체에서 만드는 조례와 규칙들이 거의 15만 개 정도 되지요.

판사
법 말고 '판례'라는 것도 있다면서요?

주승진

네. **법원이 과거에 어떤 사건에 대해 내린 판결 중에서 중요한 의미가 있는 것**을 말해요. 비슷한 사건에 대한 다른 법원의 판례가 있다면, 판사님이 판결을 내리기 전에 중요하게 참고할 수 있겠죠. 2022년에 한국에서 120만 건 가까운 법원의 판결이 있었다고 하네요.

판사

아… 어딘가에 폭 파묻혀 있는 기분이에요. 이렇게 많은 법과 판례 중에서 필요한 걸 어떻게 찾아요?

주승진

하하! 옛날에는 두꺼운 법전에서 찾아보는 시절도 있었지만, 지금은 **국가법령정보 사이트**(www.law.go.kr)에 들어가서 찾아볼 수 있어요. 이번 재판에 나온 『장애인차별금지법』의 내용을 보고 싶다면, 저 사이트의 검색창에 '장애인 차별'이라고 넣고 검색하면 됩니다.

판사

그렇군요. 그럼 그곳에서 판례도 찾을 수 있나요?

주승진

법은 다 찾아볼 수 있지만, 판례는 법원이 검색을 할 수 있도록 해 둔 것들만 검색해 볼 수 있어요. '장애인 차별'을 다룬 판례를 검색어로 넣어 찾아보면 돼요. 만일 **법원의 사건 번호**(보통 2018나2001559 이렇게 표시해요.)를 알고 있다면 더 정확하게 찾을 수 있답니다.

"가족 제도에 관한 전통문화는 헌법 이념인 개인의 존엄과 양성의 평등에 반하는 것이어서는 안 된다. 개인의 존엄과 양성평등에 반하는 전통적 가족 제도는 헌법적으로 정당화될 수 없다."

– 헌법재판소

3장_
엄마의 성씨도
평등하게 쓸 수 있도록

안녕하세요, 판사님. 이소리 재판 연구원입니다.

이번에 '우리 동네 인권 재판소'에 찾아온 사람들은 장인혜 씨와 천강인 씨입니다.

두 사람은 결혼한 지 2년 차가 된 부부이고, 현재 장인혜 씨는 임신 5개월 차 임산부입니다. 이 부부는 앞으로 태어날 아이가 아빠의 성씨인 '천씨'가 아닌 엄마의 성씨인 '장씨'를 물려받았으면 하는 마음에 주민센터에 미리 알아보았지만 지금의 법으로는 어렵다는 답변을 들은 후, 다시한 번 판단을 받고 싶다며 우리 재판소를 찾아왔습니다.

판사님, 이 부부의 주장을 잘 들어 보시고 현명한 결정을 부탁드립니다.

엄마 성씨를 물려주고 싶어요

이번 사건의 원고인 장인혜(여, 37세) 씨와 천강인(남, 35세) 씨 부부는 2년 전에 결혼한 부부입니다.

두 사람은 결혼식을 올린 후 혼인신고(두 사람이 결혼했다는 사실을 행정 기관에 알려서 인정을 받는 절차)를 하고 나서 앞으로 아이를 낳는 문제에 대해 많이 고민했어요. 다소 늦은 나이에 임신을 하는 것이 장인혜 씨에게는 큰 부담이었고, 아이를 기르는 문제도 두 사람의 인생에 정말 큰 변화와 희생이 필요한 일이었거든요. 많은 이야기를 나눈 두 사람은 결국 아이를 갖기로 결심했고, 장인혜 씨는 몇 달 전 병원에서 임신 사실을 확인했습니다.

두 사람은 아이에게 '토끼'라는 태명을 지어 주었습니다. 장인혜 씨가 아

이를 가졌을 무렵, 흰토끼 세 마리가 넓은 들판을 깡충깡충 뛰어다니는 태몽을 꾸었거든요. 꼭 '토끼 세 마리 가족'이 된 것 같은 기분에 부부는 날마다 설레는 기분을 느꼈습니다.

어느 날 천강인 씨는 '토끼'의 이름을 지어 주겠다며 늦은 밤에 공부를 시작했습니다.

"여보, 그 책들은 다 뭐야?"

"아, 도서관에서 좋은 이름 짓는 방법에 관한 책들을 빌려 왔어."

"아직 태어나려면 많이 남았는데, 너무 앞서가는 거 아냐?"

"하하! 그래도 미리 공부해 두었다가 토끼 출산 예정일에 맞춰서 좋은 이름 몇 개 지어 놓으려고."

"어휴! 너무 무리하지 말고 얼른 자."

"응, 알았어. 내가 이렇게 안 하면 보나 마나 우리 부모님이 작명소에 가서 우리 맘에 안 드는 이름 받아 오실까 봐 그래. 우리 천씨 집안 아기 이름은 작명소 부럽지 않게 지을 거야."

그 말을 듣고 잠자리에 먼저 누운 장인혜 씨는 묘한 기분이 들었습니다.

'천씨 집안 아기라고…? 아빠 성을 따라야 한다는 거야 알겠지만, 토끼는 내 아이면서, 우리 집안 식구이기도 한데…. 그냥 저렇게 남편에게 맡겨 놔도 괜찮은 걸까?'

장인혜 씨는 가장의 권위를 내세워 가족들에게 자신의 의견을 늘 강요했던 아버지와, 그런 아버지를 답답해하면서도 아버지에게 순응했던 어머니 밑에서 자랐습니다. 그런 아버지에게 원망과 안타까움을 느꼈던 장인혜 씨는 모든 식구들이 평등하고 행복하게 지내는 가족을 만들고 싶었습니다. 다행히 장인혜 씨는 그런 아버지와는 많이 다른 천강인 씨를 만났습니다.

며칠 후 장인혜 씨는 밤에 계속 작명 공부를 하는 천강인 씨와 이야기를 나눴습니다.

"여보, 나 생각해 봤는데… 우리 토끼는 당신 성이 아니라 내 성을 따르게 하고 싶어."

"응? 뭐, 뭐라고? 여보… 갑자기 무슨 소리야?"

"여보가 우리 토끼를 '천씨 집안 아이'라 했잖아. 그 말을 듣고 많은 생각을 했어. 내가 권위적인 아버지 밑에서 자라면서 힘들었다고 했지? 이제는 벗어났다고 생각했지만, 우리 토끼가 그냥 천씨 성을 쓴다고 하면… 토끼한테 내가 겪은 불행을 또 물려주는 것 같아."

"어, 여보…. 내가 너무 생각 없이 말한 건 정말 미안해. 마치 토끼 이름에 엄마의 존재는 없는 것처럼 말해 버린 것 같아."

"여보한테 화내는 거 아냐. 계속 생각해 봤는데, 토끼가 태어날 때부터 아빠 성을 따르는 게 당연한 건 아냐, 엄마 성을 따를 수도 있고 다른 선택도 가능하다는 걸 꼭 알려 주고 싶어."

"음… 여보 마음은 충분히 알겠어. 그런데… 꼭 그렇게 당신 성씨를 써야만 할까? 당신의 성씨도 장인어른한테 물려받은 거잖아. 그리고 아무래도 다른 사람들 시선도 걱정되고…."

"나도 그런 생각을 안 해 본 건 아냐. 하지만 그냥 당신 성을 토끼에게 물려주는 것보다, 우리가 앞으로 어떻게 하면 좋을지 함께 고민해 보면 좋겠어."

천강인 씨는 장인혜 씨의 깊은 고민을 듣고 처음에는 마음이 복잡했지만, 열린 자세로 장인혜 씨와 함께 고민해 보기로 결심했습니다.

두 사람은 그날 이후로 틈틈이 토끼의 성씨를 결정하는 문제를 상의했고, 결국 엄마의 성씨인 장씨를 물려주기로 결정했어요. 한국에서는 아이를 낳으면 출생신고를 하면서 아이의 성명을 기재하게 되어 있어요. 이들 부부는 출생신고를 하기 전에, 아이의 성씨를 장씨로 정해서 신고할 수 있는지 확인하기 위해 동네의 주민센터를 찾았습니다.

"안녕하세요. 무슨 일로 오셨나요?"

장인혜 씨가 마음을 다잡고는 주민센터 직원에게 물었습니다.

"네, 몇 달 후에 아이를 출산할 예정인데요, 궁금한 게 있어서요."

"어머, 축하드려요. 무슨 일인지 말씀하세요."

"저희가 서로 의논해서, 저희 아이한테는 엄마인 제 성씨를 물려주기로 했거든요. 그럼 아이가 태어나면 제 성씨로 이름을 정해 출생신고를 할 수 있나요?"

"어… 그러니까 아빠 성씨가 아닌 엄마 성씨를 써서 출생신고를 하시겠다고요?"

"네."

"아, 그건 안 돼요. 법에는 아이가 태어나면 아빠 성을 따르도록 되어 있거든요."

"하지만 저희가 엄마 성을 따르기로 결정하면 그렇게 할 수 있는 거 아닌가요?"

"아, 그러려면 두 분이 혼인신고를 할 때 그런 결정을 미리 해서 남겨 놓으셔야 돼요."

직원은 그렇게 말하면서 혼인신고서 양식을 꺼내 두 사람에게 보여 주었어요. 서류에는 자녀가 어느 부모의 성을 따를지 미리 정했는지를 묻는 칸이 있었습니다. 물론 혼인신고 당시에도 있던 항목이었지만, 그때 두 사람은 아이를 가질지조차 정하지 못한 상황이라 결정하지 않았던 부분이었습니다.

천강인 씨는 조금 따지듯 물었습니다.

"모든 부부들이 혼인신고 할 때부터 그걸 정하기는 어렵잖아요. 저희처럼 나중에 생각이 바뀌는 경우는 아무런 방법이 없는 건가요?"

직원이 잠시 숨을 고르더니 조심스럽게 대답했습니다.

"네… 현재 법에서는 혼인신고 시 미리 정하지 않았다면 기본적으로 아버지 성을 따르게 되어 있어요. 그래서 아이가 태어나면 출생신고는 아버지 성으로 하셔야 하고요. 만약 성을 바꾸고 싶으시면, 나중에 법원에 이름 변경 신청을 하셔야 합니다. 그게 지금으로서는 유일한 방법이에요."

두 사람은 직원과 계속 이야기를 나눴지만, 별다른 소득 없이 집으로 돌아가야만 했습니다.

주민센터에 다녀온 후 천강인 씨는 장인혜 씨에게, 직원이 말한 대로 일단 토끼의 이름을 정하고 나중에 바꾸는 건 어떻겠냐고 제안했습니다. 하지만 장인혜 씨의 생각은 달랐습니다.

"나는 자녀가 아빠의 성만 따르게 만든 법은 잘못됐다고 생각해. 그런 법을 그대로 두고 나중에 토끼의 성만 바꾼다는 게 과연 맞는 걸까?"

"그렇다면 어떻게 하면 좋겠어?"

"그 법이 잘못됐다고 확인받고 싶어. 우리 헌법에는 가족 안에서 남녀가 평등해야 한다고 정해 놓고 있잖아. 그런데 이 법이 헌법에 맞지 않는다면? 난 그걸 꼭 확인받고 싶어."

장인혜 씨의 마음은 확고했습니다.

아빠 성만 쓰는 법은 잘못됐어요
vs 전통적인 원칙에 따라야 해요

장인혜, 천강인 씨 부부는 '우리 동네 인권 재판소'에 찾아왔어요. 아이가 아빠의 성을 따르게 하면서 그 예외는 매우 어렵게 인정하고 있는 법이 헌법에 위반되는지를 판단해 달라고 했어요. 이번에 피고는 이 법을 만들고 운영하는 '정부'입니다. 양측의 주장은 다음과 같습니다.

우리 헌법에서는 결혼과 가족생활에서 국가가 남녀의 평등을 보장하라고 정해 놓고 있어요. 그런데 부부가 결혼을 해서 낳은 아이는 왜 유독 아빠의 성씨만 따르도록 정해 놓은 건가요? 이

건 정당한 이유 없이 가족 안에서 남자와 여자를 차별하는 거라고 생각해요.

자녀가 아버지의 성씨를 따르도록 정해 놓은 것은 우리나라의 오래된 전통입니다. 그리고 자녀의 성씨를 어떻게 할지 법으로 명확하게 정해 놓아야 가족 제도가 안정적으로 유지될 수 있습니다. 그렇기 때문에 정부는 지금 법이 헌법을 위반한다고 생각하지 않습니다.

아주 옛날에야 자녀의 성을 정할 때 아빠 성을 따르도록 정해 놓은 나라들이 많았지만, 지금은 부부가 의논해서 결정할 수 있도록 법을 바꾼 나라도 정말 많아요. 그런데 왜 유독 우리나라만 '전통'이라는 이름으로 이 법을 유지하려고 하나요? 그리고 부부가 자녀의 성을 결정하면 가족을 안정적으로 유지할 수 없다는 말인가요? 오히려 아빠의 성을 꼭 따르게 만든 법 때문에 가족 안에서 차별이 생기고 갈등이 생기는 것 아닌가요?

부부가 자녀의 성씨를 자유롭게 결정하도록 하면, 대부분의 사람들이 아빠의 성씨를 쓰고 있는 상황에서 사람들을 혼란스럽

게 만들 수 있습니다. 또 자녀가 여럿일 때 자녀마다 성씨가 달라지면, 자녀들끼리 불필요한 갈등이나 괴리감이 생길 수도 있고요. 또 한편으로, 여러분이 주장하는 것처럼 자녀들이 아빠의 성씨를 쓴다고 해서 어떤 갈등과 불편이 생긴다는 것인지 저희는 납득하기 어렵습니다.

애초에 모든 사람들이 아빠와 엄마의 성을 평등하게 쓸 수 있다면 그런 문제는 없을 거예요. 저희도 그렇고, 대부분의 가족은 여자와 남자가 함께 만들고 유지하는 거예요. 그런데 지금 법은 여전히 가족을 대표하는 것은 '아빠'이고, 엄마와 엄마 쪽 식구들은 가족의 중심이 아닌 것처럼 보이게 만들어요. 이런 구조 때문에 가족 안에서 많은 여성들이 소외감과 외로움을 겪기도 하고요. 그런데도 이렇게 가족 안에서 남녀를 차별하는 법을 그대로 두실 건가요?

여러분은 부부가 자유롭고 평등하게 자녀의 성씨를 결정하는 것이 가장 바람직하다고 생각하겠지만, 현실에서는 달라요. 자녀의 이름을 결정하는 것이 너무 늦어진다든지, 자녀의 성씨를 결정하는 과정에서 부부간의 갈등이 발생할 수도 있는 등 부모

의 문제 때문에 오히려 자녀의 권리를 침해하는 결과가 발생할 수도 있습니다. 조금 불편할 수 있지만 그런 혼란을 막기 위해서 법으로 원칙을 정해 놓은 것이지, 남자와 여자를 차별하려고 그런 법을 만든 것은 아니라는 점을 이해해 주시기 바랍니다.

저희 부부는 정부가 '불편함', '혼란', '갈등'이라는 단어만 이야기하는 것이 너무 답답해요. 우리는 아이의 이름을 짓고, 아이와 어디로 여행을 갈지 등등 아이와 살면서 무수히 많은 결정을 내려야 하고 그때마다 가끔씩 어려움도 혼란도 겪을 거예요. 하지만 그런 일들은 우리 식구들이 모두 평등하고 행복하게 살기 위해 겪고 극복해야 할 일들이라고 생각해요. 그렇다면 정부가 할 일은, 저런 말들을 늘어놓고 마는 게 아니라, 저희를 비롯한 국민들이 행복하게 살 수 있게 도와줄 수 있는 방법을 찾는 것이어야 해요.

오래전에는 자녀가 아버지의 성을 따르는 것만 법으로 정해 놓았지만, 여러 시민들의 이야기를 듣고 신중하게 지금과 같은 예외 조항을 만들게 된 것입니다. 또 여러분이 엄마의 성을 자녀에게 물려주고 싶다면, 나중에 법원에 가서 재판을 받으셔도 됩

니다. 그런 방법이 있는데도, 지금 법이 잘못됐고, 저희가 여러 분을 위해 노력하지 않는 것처럼 말씀하시는 건 너무 지나친 주장이라 생각합니다.

판사님께서는 두 사람과 정부의 주장을 잘 들어 보셨나요? 이번 재판에서는 자녀가 태어나면 아빠의 성씨를 따르게 만들어 놓은 법이 과연 헌법을 위반해 두 사람의 헌법상 권리를 침해했는지를 판단해 주셔야 합니다. 두 사람이 침해되었다고 생각하는 권리는 '아이의 이름을 자유롭게 결정할 수 있는 권리', '여자와 남자가 평등하게 가족을 만들고 유지할 권리', '토끼와 함께 행복하게 살 수 있는 권리' 등입니다.

판사님, 누구의 주장이 맞는지, 그리고 그렇게 생각하신 이유는 무엇인지 잘 정리하셔서 판결을 내려 주시기 바랍니다.

'부성우선주의'는 당연한 걸까?

판사님, 안녕하세요. 조덕상 변호사입니다. 특별한 경우가 아니라면 판사님도 아버지의 성씨를 쓰고 있을 거예요. 이렇게 자녀가 아빠의 성씨를 물려받게 법으로 정해 놓은 것을 '부성우선주의'라고 합니다.

자녀가 아빠의 성을 물려받는 게 얼핏 보면 당연한 일 같지만, 다른 나라로 눈을 돌려 보면 그렇지 않습니다. 자녀마다 부모의 성씨 중 하나 또는 부모의 성씨가 아닌 제3의 성씨를 쓸 수 있게 결정할 권리를 인정하는 국가들이 많아요. 한국과 비슷한 문화적 전통을 갖고 있는 중국과 일본도 오래전에 부성주의 원칙을 바꿨어요.

'부성주의'는 왜 문제인 걸까요? 부성주의는 엄마와 아빠가 함께 자녀를 낳고 기른다는 사실을 무시한 채 순전히 아빠의 성씨만 쓸 수 있게 만들어서 가족 안에서 여성의 혈통을 차별하고 있기 때문이에요. 또 우리의 언어 습관 중에, 아빠의 식구나 친척들을 부를 때는 친(親 친할 친)이라는 글자를 쓰고, 엄마의 식구나 친척들에게는 외(外 바깥 외)라는 글자를 쓰죠? 이 말도 잘 뜯어보면, 가족 안에서 엄마 쪽 식구들을 차별하는 의미가 있답니다. 부성주의는 이렇게 가족 안에서 차별을 만들어 내고, 이런 차별은 가족들 사이에 여러 갈등을 불러오기도 합니다.

그래서 한국의 부성주의는 많은 비판을 받아 왔어요. 한국 시민들을 대상으로 2021년 7월에 실시된 여론 조사 결과를 보면, 응답자의 72%가 자녀의 성씨를 부모가 협의해 정할 수 있게 해 줘야 한다고 답했습니다. 또한 전 세계에서 여성에 대한 차별을 없애기 위해 활동하는 국제기구인 UN 여성차별철폐위원회는 2018년과 2024년, 한국 정부에게 '자녀의 성을 부부가 자유롭게 결정할 수 있도록 법을 바꾸라'고 권고했어요.

판결을 기다리고 있는 부부

이번 사건도 한국에 있었던 실제 재판을 모델로 했어요. 이설아-장동현 씨 부부가 지금도 재판을 하고 있답니다. 두 사람은 위에서 이야기했던 『민법』 제781조 제1항이 헌법을 위반해서 평등한 가족을 만들어 행복하게 살

권리를 침해하고 있다며, 2021년 3월 18일 헌법재판소에 헌법 소원 재판을 신청했어요. 이번 사건에서는 헌법재판소 대신 우리 동네 인권 재판소가 직접 재판을 하는 것으로 이야기를 만들어 봤지요.

그렇다면 저 부성주의에 대한 한국 정부의 입장은 어떨까요? 저 재판이 시작되기 전인 2020년부터 한국 정부는 부모가 서로 상의해 자녀의 성씨를 결정할 수 있도록 법을 개정하겠다고 입장을 밝혀 왔어요. 그런데 저 재판이 시작되고 난 후인 2022년 11월, 한국 정부는 '부성주의는 헌법을 위반하지 않고 문제가 없다'며 갑자기 입장을 바꾸었습니다. 그렇게 재판이 길게 이어지는 동안 국회가 법을 바꿀 수도 있었지만, 아직까지도 그런 움직임은 없어요.

평등한 가족을 만들기 위한 노력

헌법재판소는 가족법(가족을 만들고 유지하는 내용을 다루는 법을 말해요.)과 인연이 깊은 곳입니다. 한국의 가족법은 오래전부터 '전통문화'라는 이름으로 여러 가지 나쁜 차별을 갖고 있었어요. 그 차별 때문에 고통받은 사람들이 법을 바꾸어 달라고 국회와 정부에 요구했지만, 순순히 법을 바꿔 주는 경우는 거의 없었죠. 그럴 때 사람들은 헌법재판소를 찾아가 '사람들을 차별하는 가족법이 헌법을 위반하고 있다'고 주장하며 재판을 했지요.

몇 가지만 살펴볼까요?

1997년에 헌법재판소는, 성씨와 본(같은 성씨를 쓰는 사람들의 먼 조상이 태어난 곳을 말해요.)이 같은 사람들끼리는 결혼을 못 하게 만든 '동성동본 금혼법'이 가족을 이루어 행복하게 살 수 있는 권리를 침해해 헌법 위반이라고 결정했습니다. 이 판결 덕분에 지금은 촌수를 따져 팔촌을 넘어가는 사람들끼리는 성씨와 본이 같아도 결혼할 수 있어요.

또한 2005년, 헌법재판소는 가족 안에서 남성만이 법적으로 가족의 대표가 될 수 있도록 정해 놓은 '호주제'가 헌법에 위반된다고 판결했습니다. 이 호주제 때문에, 여성이 남편과 이혼하고 아이를 기르게 됐는데도 법적으로는 아이가 이혼한 남편의 가족으로 남아 있어서 상당한 고통을 받는 일이 적지 않았어요.

꼭 그런 특별한 문제를 겪지 않는다고 해도, 가족을 만들고 유지하는 데 있어 왜 남자만 대표가 될 수 있느냐는 사람들의 비판이 끊이지 않았지요. 그런데 이 '호주제'를 폐지해야 한다는 주장에 대해, '호주제는 우리의 전통문화이므로 지켜야 한다'는 주장으로 맞선 사람들도 있었어요. 헌법재판소는 가족끼리 평등해야 한다는 헌법 정신에 맞지 않는 전통은 지킬 수 없다며 호주제는 헌법에 위반된다고 결정했답니다.

2005년까지 한국 민법에서는 자녀는 아빠의 성씨를 따른다고만 정해 놓고, 지금과 같은 예외 규정이 없었답니다. 헌법재판소는 2005년에 부성주의 법은 헌법 위반이 아니지만, 성씨를 바꿀 수 있는 어떠한 예외도 인정하고 있지 않은 것은 헌법 위반이라고 봤어요. 헌법재판소가 저렇게 판결을 하고 난 후 법이 바뀌어서 아까 설명했던 예외 규정이 들어오게 된 것이랍니다. 하지만 그 '부성주의' 원칙 자체를 아예 버려야 한다는 것이 많은 시민들의 생각이지요.

누구나 평등하게 가족을 만들 수 있도록

헌법재판소에서 '부성주의'가 재판을 기다리고 있는 동안, 법원을 찾아가 '부성주의'를 거부한 사람들도 나왔습니다. 어떤 부부는 결혼 8년 차에 아이를 낳기로 결정하고 엄마의 성씨를 물려주기로 결정했고, 아이가 태어난 후 법원에 찾아가 아이의 성씨를 바꿀 수 있도록 허가해 달라고 재판을 신청했는데 2021년에 법원은 이 부부의 손을 들어 주었어요.

다른 사건에서는, 베트남에서 한국으로 건너온 여성이 한국에서 쓸 자신의 성씨를 새로 만들었습니다. 이 여성은 아이를 낳자 아이에게 자신의 성씨를 쓰게 해 달라고 법원을 찾아갔지요. 이 사건에서도 법원은 아이가 엄마의 성씨를 사용하면 엄마가 베트남 출신이라는 사실이 사람들에게 알려져 피해를 입을 가능성도 있지만, 그렇다 하더라도 아이가 엄마의 성씨를 사용하면 엄마와의 관계가 더 좋아질 수 있다는 이유로 이 여성의 손을 들어 주었답니다.

'부성주의' 소송을 하고 있는 이설아-장동현 씨 부부는 이 재판에서, '정상 가족(아빠를 가장으로 보고 엄마와 자녀들이 그를 따르는 형태의 가족)'이라는 틀에서 벗어난 다양한 형태의 가족이 인정받는 세상이 오기를 바란다고 했어요.

이런 생각을 하는 사람들이 많이 늘었답니다. 2020년에 한국에서 실시한 여론 조사 결과를 보면, 응답자의 70%가 '같은 집에 살면서 생활을 함께하는 사람들이라면 가족이라고 볼 수 있다'고 답했어요. 꼭 결혼한 엄마, 아빠가 있어야 하는 게 아니라, 서로 마음이 맞아 상대방을 돌봐 줄 수 있는 사람들이라면 가족을 만들 수 있어야 한다는 생각이죠. 그래서 일부 국회 의원들은 『생활동반자법』이라고 해서 새로운 가족 형태를 인정해 주는 법을 만들려고 했지만 아직 실현되지는 못했어요.

판사님은 어떤 결정을 내리셨나요? 나의 이름에 담겨 있는 의미가 결코 적지 않다는 걸 느끼셨을 것 같아요. 이번 사건을 통해 우리의 가족은 모두가 평등하게 지내고 있는지, 모두가 평등한 가족을 만들려면 어떤 노력들이 필요한지 고민해 보신다면 정말 좋겠습니다.

법원과 상소 제도

판사

하아… 이번 재판도 참 쉽지 않았네요.

이소리

그렇죠? 여기는 '인권 재판소'이다 보니 정말 다양한 사건들이 찾아오네요.

판사

그러고 보니 한국에는 법원이 몇 개나 있는지 궁금하네요.

이소리

같이 살펴볼까요? 우선 가장 높은 단계의 법원인 **대법원**, 헌법 관련 사건을 다루는 **헌법재판소**가 있어요. 그리고 대법원 밑에는 6개의 **고등 법원**과 18개의 **지방 법원**이 있네요. 그리고 지방 법원 밑에 더 작은 법원인 64개의 **지원**이 있어요.

판사

행정 법원, 가정 법원 같은 이름도 들어 본 적이 있어요.

이소리

아, 맞아요. 정해진 분야의 사건만 다루는 **전문 법원**으로 특허 법원 1개, 가정 법원 8개, 행정 법원 1개, 회생 법원 3개가 있지요. 자세한 건 법원 홈페이지에 들어가 '사법부 소개'라는 코너를 찾아보면 알 수 있답니다.

판사

그렇군요. 참, 한 사건에서 재판을 여러 번 받을 수 있다면서요?

 이소리

네. 지방 법원이나 가정 법원 등에서 첫 번째 재판인 1심이 열리고, 여기서 판결이 나왔을 때 판결 내용이 마음에 들지 않는 사람은 고등 법원이나 특허 법원에 다시 재판을 해 달라고 신청할 수 있어요. 이걸 '**항소**'라고 합니다.

 판사

2심에서도 결과가 마음에 들지 않으면 한 번 더 할 수 있죠?

 이소리

네. 이때는 대법원에 마지막으로 재판을 요청할 수 있는데, 이건 '**상고**'라고 합니다. 항소와 상고를 합해서 '**상소**'라고 해요. 그런데 법원과 법관 수가 부족하다 보니 판결을 받고 또 재판을 하다 보면 시간도 많이 걸리고 돈도 많이 들어요.

 판사

그러게요. 꼭 재판을 하는 게 좋은 건 아니네요.

 이소리

그래서 법원은 사건에 따라 당사자들끼리 화해하도록 권하기도 해요. 당사자들이 서로 양보해 화해하기로 결정하면 재판은 거기서 끝난답니다.

"이제야 겨우 제가 이 땅에 살아도 좋다고 인정받는 기분입니다."

- 재일 교포 4세 강하나 배우

4장_
미디어 속 차별 이야기

안녕하세요, 판사님. 주승진 재판 연구원입니다.

이번 사건의 원고들은 구유백 씨를 포함한 중국 국적 동포 30명이고, 피고는 드라마를 방송하는 TV 방송사인 DBS입니다.

원고들은 얼마 전 피고가 방송한 TV 드라마 '개그 탐정 오봉남'을 보았는데, 이 드라마가 원고들과 원고들이 살고 있는 마을을 차별하는 내용을 담고 있다며, 피고에게 사과와 위자료를 요구하고 있고, 피고는 드라마 내용에 큰 문제가 없었다며 반박하고 있습니다.

판사님께서 신중한 판결을 내려 주시기를 기대합니다.

드라마에서 외국인을 차별한다면

이번 사건의 원고는 같은 동네에 살고 있는 30명의 주민들이고, 이들은 모두 중국 국적을 가지고 있으면서 한국에서 살고 있는 '중국 동포'입니다. 흔히 '조선족'이라고 부르기도 하지요. 모든 원고들의 이야기를 다 들려 드릴 수는 없어서, 이들이 만든 모임의 대표를 맡고 있는 '구유백' 씨(남, 50세)의 사연을 소개하고 원고들과 피고의 주장을 정리해 드릴게요.

구유백 씨는 약 20년 전에 중국에서 한국으로 건너와 살았습니다. 구유백 씨의 할아버지와 할머니는 중국 만주 지역에서 일제에 맞서 싸운 독립운동에 참여했고, 일본으로부터 한국이 독립한 후에도 계속 그곳에 살면서 한국의 언어와 풍습을 유지하며 살아왔습니다. 구유백 씨는 할아버지의 나라인 한국으로 건너와 그 동네에 있던 큰 시장에서 중국 음식을 파는 식당을 열었습니다. 다른 조선족 주민들도 하나둘씩 모여 중국 음식과 식재료, 조리 도구 등을 파는 가게를 열었고, 시장은 더욱 북적이게 됐습니다. 마을과 시장이 커지고, 많은 외국인 주민이 모여들면서 학교에서는 다른 국적과 문화를 가진 학생들이 서로 어울리게 되었지요.

이렇게 '차이나타운'이 만들어졌지만, 구유백 씨는 늘 한국 사회에서 크고 작은 차별을 경험했습니다. 한국인들과 같은 뿌리에서 나왔고 한국어를 사용하고 한국 문화 속에서 살고 있지만, '조선족'이라고 하면 늘 '돈 벌려고 들어온 가난한 사람들', '어딘가 모자라거나 위험한 사람들'과 같은 한국인들의 편견을 느꼈다고 합니다.

한국 영화를 좋아하는 구유백 씨는 몇몇 범죄 영화 속에서 조선족 인물들이 자주 흉악한 '범죄자'로 등장하는 것을 볼 때마다 마음이 아팠습니다. 몇 년 전 한 TV 코미디 프로그램에서 어수룩한 조선족 보이스 피싱범들이 등장해 큰 인기를 끌었는데, 구유백 씨는 그걸 보고 마음 편하게 웃을 수만은 없었습니다.

2020년 코로나19 바이러스가 유행하기 시작했을 때, 구유백 씨는 일부 한국인들이 중국에서 바이러스가 퍼지기 시작했다는 사실을 이유로 조선족 사람들을 피하거나 비난을 퍼붓는 모습을 보고는 큰 충격을 받았습니다. 2021년 한국에서는 지방 선거가 있었는데, 이때 '조선족들이 지방 선거에서 어떤 정당에 표를 몰아주려고 한다'는 가짜 뉴스가 퍼지기도 했고, '중국 동포들의 지방 선거 투표권을 빼앗아야 한다'는 주장이 힘을 얻기도 했습니다. 투표를 할 수 있는 외국인들의 수가 실제 매우 적다는 사실만으로도 저런 이야기가 거짓이라는 걸 충분히 알 수 있었지만, 코로나19 때문에 불안해하는 사람들이 저런 주장에 동조하는 것을 보고 구유백 씨는 억울함에 잠을 설쳐야 했습니다.

그러던 구유백 씨는 최근 TV에서 '개그 탐정 오봉남'이라는 드라마를 보게 되었습니다. 허풍이 심하고 실수가 잦지만 나름 진지함도 있는 오봉남이라는 탐정이 우연히 마을에서 벌어지는 수상한 사건을 알게 되고, 동료들과 함께 사건을 해결하기 위해 좌충우돌하는 이야기였습니다. 코믹함과 진지함이 잘 어우러졌다는 평을 얻어 큰 인기를 끌고 있었습니다.

그런데 그 드라마에서 구유백 씨의 눈에 먼저 띈 것은 그 배경 장소였습니다.

몇 달 전, 구유백 씨는 살고 있는 동네에서 드라마 촬영을 한다는 소식을 들었는데 그때는 대수롭지 않게 생각했습니다. 그런데 알고 보니 그때 촬영했다는 드라마가 바로 저 작품이었던 것이죠. 그런데 그 드라마는 구유백 씨가 살고 있는 동네에서 촬영했으면서 드라마의 배경을 가상의 장소로 설정하지 않고, 동네의 실제 이름을 그대로 사용하면서 동네의 풍경을 보

여 주고 있었습니다. 구유백 씨가 살고 있는 마을에서, '조선족' 범죄자들이 사람들을 납치하거나 유인해 중국에 팔아넘기는 등의 끔찍한 범죄를 저지르는 이야기가 펼쳐지고 있었던 것이지요.

또 구유백 씨는 드라마의 등장인물들이 동네에 대해 이야기하는 것을 보고 큰 충격을 받았습니다. 주인공인 오봉남은 구유백 씨가 살고 있는 동네를 '경찰도 포기한 마을'이라고 불렀습니다. 조선족들이 많이 살고 있는데 그중 '불법 체류자'들이 적지 않고, 그들이 수상한 범죄를 저지르고 있지만 경찰은 그 문제를 잘 해결해 주지 않는다는 대사가 나오기도 했습니다. 주인공뿐만 아니라 같은 동네에 살고 있는 한국인 배역들도 '여기서 밤늦게

돌아다니면 큰일 난다', '조선족들이 모여 있는 곳은 가급적 피해 다녀라'라
는 등의 대사를 사용했습니다.

주인공과 한국인 동료들이 힘을 합쳐, 조선족 범죄자들이 저지르는 심
각한 범죄의 진상을 밝혀내고, 경찰과 협력해 범죄자들을 모두 체포한다는
것이 드라마 내용이었습니다.

'한국인 히어로 vs 조선족 악당' 구도로 짜인 드라마를 보며 구유백 씨는
자신을 비롯한 조선족 주민들이 잠재적 범죄자가 된 듯한 기분에 웃을 수
없었습니다. 아니, 오히려 화가 나고 슬펐습니다.

구유백 씨는 이웃 주민들과 그 드라마 이야기를 나눴습니다. 화가 나고 슬펐던 것은 구유백 씨만이 아니었습니다. 조선족 주민들은 물론, 같은 마을에 살고 있는 한국인 주민들도 드라마에 분노하고 있었습니다.

"그동안 조선족이 범죄자로 나오는 영화들을 많이 봤지만, 이 드라마는 그중에서도 가장 심했어요. 도대체 우리는 언제까지 이런 식의 대접을 받아야 하죠?"

"작은 문제만 일으켜도 잘못되면 추방될 수 있어 더 조심해야 하는 판에, 우리들을 모두 범죄자 취급하는 건 너무 어이가 없어요."

"우리 마을이 정말 밤에 다니면 안 될 정도로 위험한가요? 여기도 주변 지역처럼 평범하고 안전한 곳이라고요. 그런데 무슨 근거로 드라마에서 저렇게 묘사할 수 있나요?"

구유백 씨는 이번만큼은 그냥 넘어가면 안 되겠다는 생각이 들었어요. 이 드라마가 중국 동포들을 부당하게 차별하고 있으니, 이웃 주민들과 함께 이건 잘못됐다는 목소리를 내야겠다고 마음먹었지요.

"여러분, 그럼 우리 이렇게 해 봅시다. 드라마를 방송하는 방송국에 민원을 넣는 거예요. 드라마의 내용에 중국 동포들을 차별하는 내용들이 있으니 사과 방송을 하고 고칠 수 있는 부분은 고쳐 달라고 이야기해 보자고요."

"좋은 생각이에요."

"그럼 여러분들이 그동안 본 드라마 내용 중에 문제가 있던 부분들을 알려 주세요."

구유백 씨는 주민들과 함께 드라마를 다시 살펴보며, 중국 동포들에 대한 차별과 혐오가 드러난 장면들을 찾아내 정리하기 시작했습니다. 이후 구유백 씨는 주민들과 함께 작성한 의견서를 방송사 DBS의 시청자 의견 접수 부서에 제출했어요.

며칠 뒤, 방송사 DBS에서 이렇게 답을 보냈습니다. "구유백 씨의 의견을 검토해 보았지만, 현실에 가깝고 실감 나는 범죄 드라마를 방송하기 위해 노력했고, 드라마를 제작한 제작사와 연출자의 뜻을 최대한 존중해 주기로 한 만큼 사과를 하라거나 내용을 수정하라는 요구는 받아들이기 어렵다"는 내용이었습니다. 구유백 씨와 주민들은 망연자실할 수밖에 없었습니다.

드라마라도 차별은 안 돼요
vs 드라마는 표현의 자유가 있어요

구유백 씨는 포기하지 않고, 주민들과 더 의논한 끝에 '우리 동네 인권 재판소'에 찾아왔습니다. 구유백 씨를 포함한 30명의 주민들은 방송국을 상대로 '중국 동포들을 차별하는 드라마를 방송한 잘못에 대해 사과할 것', '이러한 드라마나 방송이 다시는 나오지 않도록 약속하고, 예방할 수 있는 장치를 만들 것', '이 드라마 내용 때문에 마음의 상처를 입은 주민들에게 위자료를 줄 것'을 요구하고 있습니다.

이에 방송국은 주민들이 드라마 표현의 자유를 부당하게 침해하고 있다며 주민들의 요구를 받아들일 수 없다고 맞서고 있습니다.

원고들과 피고의 주장을 정리해 보면 다음과 같습니다.

이 드라마는 우리가 살고 있는 마을 이름을 그대로 쓰면서 그곳에 살고 있는 많은 중국 동포들이 범죄에 가담한 것처럼 보여 줬어요. 중국 동포들과 그들이 모여 살고 있는 지역에 대한 한국인들의 편견이 심한데, 이 드라마 때문에 우리를 포함한 동네 주민들은 커다란 마음의 상처를 받았어요. 방송국은 시청자들에게 사과하고 다시는 이런 일이 없도록 막아야 할 책임이 있어요.

먼저 원고들을 비롯한 중국 동포들을 차별하려는 의도는 전혀 없었다고 말씀드리고 싶어요. 이 드라마는 범죄자들과 맞서 싸우는 평범한 우리 시민들의 이야기를 담고 있습니다. 그런 만큼 저희는 드라마의 인물과 배경이 좀 더 현실과 가까운 내용으로 만들어지길 원했습니다. 중국 동포들이 모여 사는 지역에서 발생한 흉악 범죄 뉴스도 몇 건 있어서, 이번 드라마는 그런 부분들을 중요한 소재로 삼았던 것입니다.

다른 영화에서 중국 동포 범죄자 캐릭터가 등장한 적이 있었지만, 배경도 대부분 가상의 동네 이름을 사용했고, 이 드라마처럼 중국 동포들을 잠재적 범죄자처럼 묘사하진 않았어요. 그리고 중국 동포들의 범죄율은 한국인들의 범죄율보다 낮은 데다,

이 드라마에 나오는 인신매매나 납치 같은 무서운 범죄를 중국 동포들이 저지른 적도 없었어요. 그런데도 이 드라마가 현실적 인가요?

드라마의 특성상 시청자들의 관심과 재미를 이끌어 내기 위한 '허구적 장치'가 필요합니다. 이 작품은 범죄 드라마이기 때문에 강렬한 악역과 공포스러운 배경이 필요했고, 이를 위해서 우연히 한국에 모여 살고 있는 중국 동포들 이야기를 빌려 왔던 것이고요. 일부 중국 동포 시청자께서 불편하셨을 수 있겠지만, 어디까지나 '드라마'로 받아들여 주셨으면 좋겠습니다.

한국 속담 중에 '무심코 던진 돌에 개구리는 맞아 죽는다'라는 말이 있지요? 사람들은 이 드라마의 내용을 결코 드라마로만 받아들이지 않았어요. 이 드라마를 본 어떤 한국인들은 저희나 가족들을 향해 '범죄자냐?', '니네 나라로 돌아가라!' 같은 말을 서슴지 않았어요. 우리는 이 드라마 때문에 실제로 위험해졌어요. 얼마든지 다른 장치와 방법을 써서 좋은 이야기를 만들 수 있었는데도, 이 드라마는 정말 경솔하고 나쁜 방법으로 우리를 차별하고 있어요.

일부 시청자들이 그런 혐오 표현을 한 것에 대해서는 저희도 진심으로 안타깝게 생각합니다. 하지만 저희가 그걸 의도한 것은 아니고, 이런 문제점이 있다고 해서 이 드라마를 온전히 방송하지 못하게 된다면, 앞으로 영화나 드라마를 만드는 사람들은 사람들의 비난이 두려워 좋은 작품을 만들기 어려워질 수도 있어요. 앞으로 저희가 다른 작품을 방송할 때 이런 일이 없도록 주의하겠지만, 드라마 내용 때문에 사과를 해야 한다거나 위자료를 달라는 원고들의 주장은 너무 지나치다고 생각합니다.

우리는 모든 영화나 드라마, 뉴스에서 중국 동포들과 그들이 살고 있는 마을의 모습을 정말 있는 그대로 편견 없이 보여 주기를 간절히 바랍니다. 방송사는 드라마 속 장면의 문제점들을 인정하지 않고 있어요. 방송사가 주장하는 표현의 자유는 무제한으로 인정되는 것이 아니라, 다른 사람들의 인권을 침해하지 않는 한도 내에서 인정되는 것입니다. 우리는 방송사에게, 우리가입은 커다란 상처에 대해 아무런 책임이 없는지를 마지막으로 다시 한 번 묻고 싶습니다.

원고들이 지적한 드라마 속 장면들은 저희도 다시 살펴보았습니다. 물론 문제가 전혀 없다고 단정할 수는 없겠지만, 원고들이 우려하는 것처럼, 모든 시청자들이 현실과 허구를 혼동할 거라고 볼 수도 없습니다. 만약 어떤 시청자가 이 드라마의 작품성이나 재미를 '평가'하면서 원고들처럼 이야기한다면, 방송국은 충분히 듣고 받아들일 수도 있습니다. 하지만 이 드라마 때문에, 방송국이 재판을 받아야 한다고는 생각하기 어렵습니다.

지금까지 이번 사건에서 원고들과 피고의 주장을 정리해 드렸습니다. 양쪽의 주장이 정말 팽팽하게 맞서고 있는데요, 판사님은 누구의 손을 들어 주시겠습니까? 원고들이 요구하는 사과, 재발 방지 약속, 위자료 중에서 과연 판사님은 어떤 것들을 인정하시겠습니까? 그리고 결론을 내리셨다면 그 이유도 잘 정리해 주셔야 합니다.

판사님, 보고서를 잘 읽어 보시고 판결을 내려 주십시오.

미디어와 혐오 표현 문제

판사님, 안녕하세요! 조덕상 변호사입니다.

이번 사건의 판결은 어떻게 내리셨나요? 앞서 다뤄 본 사건들과 비교해 볼 때 조금 어렵게 느끼셨을 수도 있을 것 같습니다. 정말 많은 영화와 드라마가 쏟아져 나오고 있고, 그만큼 한국 사회에서 영화나 드라마의 '표현의 자유'는 중요하게 보호를 받고 있거든요. 표현의 자유가 충분히 보장되면 그만큼 내용이 충실해질 수 있고, 그 덕분에 한국 영화나 드라마가 전세계에서 많은 인기를 끌 수 있었지요.

하지만 그런 영화나 드라마가 다른 나라의 문화, 인종에 대한 편견과 비하를 담고 있다면 어떻게 될까요? 드라마 '펜트하우스'에 나온 한 배우는 굵은 레게 머리와 문신을 한 캐릭터를 연기했는데, 이 역할이 아프리카계 미국인들과 그 문화를 조롱했다는 비난이 일어 사과문을 올린 사건이 있었어요. 드라마 '라켓 소년단'에서는 배드민턴 인기가 매우 높은 인도네시아인들을 비하하는 표현을 했다가 그 나라에서 거센 항의를 받자 방송사가 정식으로 사과를 했습니다.

이번 사건은, 2017년 8월에 개봉한 '청년 경찰'이라는 영화 때문에 서울특별시 영등포구 대림동에 살고 있는 주민들과 영화 제작사 사이에 있었던 실제 소송 사건을 참고해서 만들었답니다.

이 영화는 실제 중국 동포들이 많이 모여 사는 대림동을 배경으로 해서, 주인공인 경찰 2명이 조선족 범죄자들의 잔인한 범죄를 밝혀낸다는 내용이었습니다. 대림동을 '여권 없는 중국인이 많아서 밤에 칼부림이 자주 나는 곳', '경찰도 잘 안 들어오는 곳'이라 묘사하기도 했고, 대림동에 사는 많은 중국 동포들이 범죄에 연루되어 있는 것처럼 보이게 하는 장면들도 다수 나와서, 대림동 주민들이 영화를 보고 무척 분노했어요.

영화는 약 560만 명의 관객을 동원하면서 큰 인기를 끌었어요. 하지만 평소 중국 동포를 범죄자로 묘사하는 작품들에 익숙했던 한국인들은 영화 내용에 큰 문제를 느끼지 못했어요. 영화 제작사도 처음에는 그랬답니다.

재판 중에 화해가 이루어졌어요

대림동 주민들은 영화 제작사에 사과를 요구하고 집회를 하면서 영화의 문제점을 널리 알리기도 했어요. 하지만 영화 제작사는 주민들의 요구를 거절했고, 결국 약 60명의 주민들이 영화 제작사를 상대로 1억 원의 위자료를 요구하는 재판을 시작하게 됐지요.

1심 법원은 원고들의 주장을 받아들이지 않았어요. 주민들이 지적한 영화 속 장면들을 내보낸 것을 피고의 잘못으로 보기는 어렵다고 했습니다. '표현의 자유'라는 말을 직접 하지는 않았지만, 1심 법원은 피고의 표현의 자유를 좀 더 중요하게 보는 입장이었어요.

하지만 2심 법원은 조금 달랐습니다. 2심 법원은 원고들이 이 소송을 제기하게 된 이유와 의미를 살펴보았어요. 원고들은 1억 원의 위자료를 요구했지만, 사실 원고들이 진정으로 원했던 것은 돈이 아니라 피고의 진정한 사과와 재발 방지 약속이었거든요. 한국 법에서는 돈이 아닌 사과와 약속만을 요구하는 재판은 할 수 없기 때문에, 주민들이 어쩔 수 없이 위자료를 정했던 것이지요.

'청년 경찰' 영화가 인기를 끌면서 영화를 본 한국인들이 중국 동포들에게 온라인이나 오프라인 공간에서 모욕적인 말을 하는 등 실제 피해 사례가 계속 발생하고 있었어요. 이 영화는 원고들이 안전하게 살 수 있는 권리를 위협하고 있었던 것이죠.

그래서 2심 법원은 원고들과 피고에게 제안을 했습니다. 피고가 원고들에게 의도하지 않게 마음의 상처를 준 점에 대해 공식적으로 사과하고 앞으로 이런 일이 없도록 약속하면, 원고들은 더 이상 재판을 하지 않겠다는 내용으로 '화해'를 하자고요.

앞에서 부록을 잘 읽어 본 친구들이라면 기억할 거예요. 법원이 판결 대신, 화해나 조정으로 다툼을 끝낼 수도 있다고 했지요? 이러한 법원의 제안을 원고들과 피고가 받아들여, 2020년 4월 1일, 2심 법원의 사건은 끝이 납니다. 피고는 약속대로 원고들에게 사과와 재발 방지 약속을 담은 사과문을 보냈어요.

이 사건 이후 한 영화 제작사에서는, 영화를 개봉하기 전에 대림동 주민들을 시사회에 초대해서 영화 내용에 문제가 없는지 점검하는 시간을 갖기도 했어요. 그리고 한국 시민들의 인권 감수성도 많이 높아져서, 미디어에 사회적 약자에 대한 차별이나 혐오 표현이 등장하면 문제를 제기하는 일도 늘어났답니다. 이 사건의 의미는 결코 작지 않아요.

반복되는 외국인 차별

2023년 법무부 통계를 살펴보면, 한국에 있는 외국인은 250만 명이 조금 넘고, 그중 오랫동안 한국에 머무르는 사람들은 188만 명 정도 됩니다. 이 외국인 중에 가장 많은 약 94만 명이 중국 동포들이에요. 이렇게 중국 동포들이 한국에 많이 살고 있는데도 불구하고 그들에 대한 잘못된 편견은 여전히 심각해요. 중국 동포들은 천한 일을 하는 가난한 사람들 또는 한국 사회를 불안하게 만드는 사람들로 취급하는 사람들이 많아요. 그동안 여러 미디어에 등장한 중국 동포 범죄자 이야기를 그냥 지어낸 이야기에 불과하다고 볼 수만은 없어요. 이렇게 중국 동포들을 부정적으로 묘사하는 미디어를 계속 접한 사람들은 중국 동포들에 대한 나쁜 편견을 갖게 된다는 연구 결과도 나와 있어요.

미디어뿐만 아니라, 코로나19 시기에 우리나라 정부는 외국인을 부당하게 차별해서 비판을 받았어요. 코로나19 시기에 많은 사람들이 일을 제대로 하지 못해 형편이 어려워지자, 정부는 국민들에게 지원금을 주기로 결정하면서 외국인들에게는 아주 소수 일부에게만 주기로 했답니다. 마스크를 지원해 줄 때도 비슷한 차별이 있었어요. 또 일부 지역에서는 외국인들에게만 코로나19 검사를 의무적으로 받도록 하고, 검사를 받지 않으면 외국으로 돌려보내려는 정책을 시행하기도 했습니다. 정부의 이런 외국인 차별은, 한국 사람들이 외국인에 대한 편견을 갖게 하는 큰 원인이기도 해요.

결코 남의 문제가 아니에요

판사님이 코로나19 때 해외 뉴스를 유심히 봤다면 기억하실 거예요. 코로나19 바이러스가 중국의 우한 지역에서 처음 발견됐다는 사실이 알려지면서, 세계 여러 나라에서 중국인을 비롯한 아시아인들을 비난하고 공격하는 사람들이 늘어났다는 뉴스 말이죠.

중국 동포들이 그동안 한국 사회에서 겪었던 차별이, 코로나19 때 다른 나라에서 아시아인들이 겪었던 차별과 비슷해 보이지 않나요? 외국에서 한국인이나 아시아인들이 차별을 받았다고 해서, 한국에서도 외국인들을 마음대로 차별해도 되는 걸까요? 판사님은 그렇게 생각하지 않으시겠죠? 오히려 한국에 있는 외국인들도 한국인들과 평등하게 살 수 있도록 잘못된 편견과 잘못된 법을 고치면서 외국에게도 부당한 차별을 하지 말라고 요구해야 하지 않을까요?

판사님에게 이번 사건이, 외국인 차별 문제에 대한 생각의 폭을 넓혀 주는 계기가 되었으면 좋겠습니다.

구두 변론, 공개 변론

판사

이번 사건은 드라마 이야기라 정말 흥미로웠어요. 생각해 볼 점도 많았고요.

주승진

그렇죠? 제 친한 친구도 중국 동포라 사건에 더 관심을 쏟았답니다.

판사

TV를 보면 법정에서 변호사들끼리, 또는 검사와 변호사가 열심히 말로 싸우던데, 우리 재판소는 그렇지 않네요.

주승진

네, 맞아요. 저렇게 법정에서 당사자들이 주장을 주고받으며 재판하는 것을 '**구두 변론**'이라고 해요. 하지만 대부분의 법원에서는 사건 수가 많다 보니 구두 변론을 충실히 하기 어려워서, 각자의 주장을 글로 써서 제출합니다.

판사

그런데 한국에도 배심원들 앞에서 변론하는 재판이 있지 않나요?

주승진

네, 맞아요. '**국민 참여 재판**'이라고 해서, 피고인이 신청해 배심원들 앞에서 검사와 변호사들이 사건을 설명하고 주장을 펼치는 형사 재판이 있답니다.

98

판사

형사 재판 말고 구두 변론을 멋지게 하는 걸 볼 기회는 없을까요?

주승진

아, 대법원과 헌법재판소에서 가끔 '**공개 변론**'이라는 자리를 마련하기도 해요. 중요한 재판을 할 때, 법관이나 재판관들이 참석해 당사자들을 법정으로 부른 다음, 사건에 대해 자세히 물어보거나 당사자들의 논리를 자세히 들어 보기도 해요.

판사

아, 그러고 보니 2024년에 초등학생 소녀가 법정에서 발언했다는 이야기를 들은 것 같아요.

주승진

맞아요. 2024년 5월 22일, 헌법재판소에 기후 위기를 다루는 재판이 있었어요. 초등학교 6학년인 한제아 씨가 직접 출석해 5분간 기후 위기를 막기 위해 정부가 더 노력해야 한다고 발언한 일이 화제가 됐지요. 판사님도 나중에 이런 의미 있는 재판을 방청해 보시길 바랍니다.

"제가 출연한 게임에서 제 음성을 추출하여 AI에게 학습시키고 그것으로 영상을 만드시는 분들이 있다는 이야기를 들었습니다. 제 목소리를 사랑해 주시는 것은 너무나 감사하지만, 제가 직접 녹음하지 않은 제 음성이 돌아다니는 것을 원치 않기 때문에 AI를 이용한 합성을 하지 말아 주셨으면 합니다."

– 방시우 성우

5장_
AI와 목소리의 권리

안녕하세요, 판사님. 이소리 재판 연구원입니다.

이번 사건의 원고는 성우로 일하고 있는 장소은 씨이고, 피고 1은 게임 회사인 스피어 게임사, 피고 2는 동영상 크리에이터로 활동하는 성미루 씨입니다.

원고는 피고 1 스피어 게임사가 원고에게 일방적으로 불리한 계약서를 만들어 자신의 목소리를 다른 사람이 함부로 이용할 수 있게 했으므로 피고 1에게 계약서의 내용을 수정해 달라고 요구하고 있습니다.

또 피고 2 성미루 씨에게는 자신의 허락을 받지 않은 채 자신이 원하지 않는 형태로 자신의 목소리를 이용해 애니메이션을 만들었으니 그 동영상을 삭제하고 자신이 입은 피해를 배상하라고 요구하고 있습니다.

반면 피고 1 스피어 게임사는 원고와 정상적으로 계약을 체결했을 뿐이며, 이제 와서 계약서를 수정해 달라는 원고의 요구를 들어줄 수 없다는 입장이고, 피고 성미루 씨는 원고의 목소리가 녹음된 게임의 목소리를 사용하도록 게임사에게 허락을 받았기 때문에 자신은 원고에게 잘못한 것이 없다고 주장하고 있습니다.

당사자들의 주장을 잘 들어 보시고, 좋은 판단을 내려 주시기 바랍니다.

내 목소리는 누구의 것인가?

이번 사건의 원고는 게임, 애니메이션, 광고 등에서 목소리를 녹음하는 성우로 일하고 있는 장소은(여, 35세) 씨입니다. 5년 전, 한 애니메이션 방송국의 성우 선발 시험에 합격해 수많은 애니메이션 작품의 목소리 녹음 작업에 참여했습니다. 어느 날, 장소은 씨는 동료 성우들과 최근 유행하는 AI(인공 지능) 이야기를 나눴습니다.

"어제 어떤 드라마를 봤는데 AI로 죽은 배우를 재현해서 보여 주더라고. 제법 그럴싸하던데?"

"응, 그거 말고도 살아 있는 배우의 어린 시절 모습도 만들어 낼 수 있대."

"하아⋯ 이 AI 때문에 배우들이나 우리 성우들 일할 자리가 더 없어지는 거 아닐까?"

"근데 AI 기술이 아무리 발전해도, 우리가 공들여 연기하는 걸 그대로 따라 할 수 있을까?"

"AI가 만든 외국인 목소리를 들어 봤는데, 정말 많이 발전했더라."

"요즘 많은 곳에서 AI가 만들어 낸 목소리를 쓰잖아. 예전에는 다 우리 일이었는데. 이러다가 사람들이 사람 목소리보다 AI 목소리에 더 익숙해지는 건 아닌지 모르겠어."

"그럴까? 휴⋯ AI한테 밀려나지 않으려면 더 열심히 해야겠다."

동료들과 이야기를 나눈 장소은 씨는 이후 AI가 사람들이 그린 그림과 목소리 데이터를 대량으로 수집해 그림이나 목소리를 만들어 내는 현상에 대한 기사를 찾아보았습니다. 장소은 씨는 두려움이 들면서도 '설마 나한테 그런 일이 생기겠어?' 하고 마음을 다독였습니다.

3년 전 방송국에서 나와 프리랜서(어느 회사에 소속되지 않고 자유로운 신분으로 일하는 사람) 성우가 된 장소은 씨는 열심히 활동하며 인기를 얻던 중, 스피어 게임사(피고 1)가 만든 '페이블 헌터'라는 게임의 주인공 목소리를 녹음하게 되었습니다. 장소은 씨는 녹음 전에 스피어 게임사가 제공하는 '계약서(일을 하기 전에 서로에게 필요한 약속을 정해 놓은 문서)'에 서명했

습니다. 장소은 씨는 그 내용을 정확히 알고 싶었지만, 혹시라도 녹음 일을 거절당할까 봐 물어보지 못했습니다. 몇 달 뒤 출시된 '페이블 헌터'는 큰 인기를 얻었습니다.

　이제 피고 2 성미루 씨(여, 30세)를 소개하겠습니다. 성미루 씨는 유튜버로 활동 중인데, 사람들이 편하게 즐길 수 있는 단편 애니메이션을 만들고 싶었습니다. 성미루 씨는 원하는 목소리를 찾던 중 '페이블 헌터' 게임을 우연히 접하게 됐어요. 거기서 장소은 씨가 연기했던, 카리스마 넘치는 과묵한 성격의 저격수 캐릭터 '원터'의 목소리를 듣는 순간 딱 맞는 목소리를 찾았다는 느낌이 들었습니다. 그래서 성미루 씨는 스피어 게임사에 전화를 걸었습니다.

"안녕하세요. 스피어 게임사 ○○○입니다."

"안녕하세요. 저는 유튜버로 활동 중인 성미루라고 합니다. 여쭤보고 싶은 게 있어요. 페이블 헌터 게임에 나오는 '원터' 목소리가 정말 마음에 들더라고요. 제 유튜브 동영상에 이 캐릭터의 목소리를 사용하고 싶은데 게임사의 허락을 받을 수 있을까요?"

"아, 그러세요? 이건 제가 바로 답변을 드릴 수 있는 내용이 아니고 회사에서 검토를 해 봐야 할 것 같습니다. 저희 회사 이메일로도 내용을 정리해서 보내 주세요."

며칠 후, 스피어 게임사는 성미루 씨에게 몇 가지 조건을 붙여서 '원터' 캐릭터 목소리 사용을 허락하겠다고 답장을 보냈습니다. 성미루 씨는 기뻐하며 AI 프로그램을 사용해 장소은 씨의 목소리를 가공해서 본인이 만든 애니메이션에 쓰기 시작했습니다.

'페이블 헌터'의 녹음을 끝낸 장소은 씨가 다른 애니메이션 더빙을 하고 있었는데, 친한 동료 성우가 장소은 씨에게 갑작스러운 소식을 전해 주었습니다.

"소은 씨, 혹시 유튜브에 올라와 있는 '띵동 전사' 애니메이션에 출연한 적 있어요?"

"네? 띵동 전사요? 그게 뭐죠?"

"아, 몰라요? 요즘 뜨는 애니메이션인데 거기 나오는 주인공 목소리가 소은 씨 같아서."

"아니요, 저는 금시초문인데요….."

"언제 시간 되면 꼭 한번 보세요. 내가 잘못 들었을 수도 있고요."

"네, 감사해요. 꼭 들어 볼게요."

얼마 후 '띵동 전사'를 보니, 정말로 주인공 중 한 명의 목소리가 '페이블 헌터'의 '원터'라는 캐릭터 목소리와 상당히 비슷했습니다. 동영상에 달린 리플들을 보니, 여러 시청자들도 장소은 씨의 '원터' 캐릭터를 떠올리며 재미있다고 했습니다. 황당하고 화가 난 장소은 씨는 자신의 허락을 받지 않고 AI로 자신의 목소리를 가공해서 사용하고 있는 동영상들을 삭제해 달라고 성미루 씨에게 이메일을 보냈습니다.

그러자 성미루 씨의 답장은 이랬습니다.

"게임에 녹음된 목소리는 게임사에게 권리가 있다고 알고 있어서, 게임사에 연락해 목소리 데이터를 사용해도 좋다고 허락받았어요. 그래서 성우님의 요청은 받아들이기 어렵습니다."

장소은 씨는 자신의 목소리를 다른 사람이 자신의 허락을 받지 않고 쓸 수 있다는 말이 선뜻 이해가 가질 않았습니다. 더구나 AI를 통해서 가공된 자신의 목소리를 듣는 것은 장소은 씨에게 두려움마저 들게 했습니다. 장소은 씨는 스피어 게임사에 전화를 걸었습니다.

"안녕하세요. 스피어 게임사의 ○○○입니다."

"안녕하세요. 저는 얼마 전 페이블 헌터에서 원터 목소리를 녹음했던 장소은 성우입니다."

"아, 성우님! 안녕하세요. 무슨 일로 전화 주셨나요?"

"어떤 유튜버가 그 게임에 나온 제 목소리를 제 허락 없이 사용해 애니메이션을 만들었길래 연락해 보니 게임사의 허락을 받았다는데, 이게 어떻게 된 일인지 확인하고 싶어서요."

"아, 그러시군요. 저희가 내용을 확인해 보고 다시 연락드릴게요."

얼마 후 장소은 씨는 스피어 게임사의 다른 직원에게 전화를 받았습니다.

"안녕하세요, 성우 님. 저는 스피어 게임사의 ○○○입니다."

"아, 네. 아까 제가 여쭤본 거 때문에 전화 주신 거죠?"

"네. 그런데 계약서 보시면 게임에서 생기는 모든 권리는 저희에게 있다고 되어 있어요."

"네? 그런 내용이 있다고요?"

"계약서 지금 있으시면 한번 살펴보시겠어요? 제6조에 나와 있어요."

장소은 씨가 계약서를 펴서 읽어 보니, 게임에서 생기는 저작권 등 모든 권리는 스피어 게임사에게 있고, 장소은 씨의 목소리에 대한 권리는 모두 스피어 게임사에 넘어가며, 장소은 씨는 이에 대하여 이의를 제기하지 않는다고 적혀 있었습니다.

"녹음 계약서를 쓸 때 이런 내용은 설명받은 적이 없는데…."

"계약서 안 읽어 보셨어요? 저희 회사에서는 그 계약서 내용에 따라 성미루 씨가 장소은 성우님 목소리 사용하는 것을 허락하기로 결정한 겁니다."

"이런 중요한 내용을 계약서에 이렇게 어렵게 적어 놓으면 제가 알 수가 없죠. 그리고 누군가가 제가 원하지 않는 방식으로 제 목소리를 사용하는 것을 게임사가 허락한다는 건 제 목소리에 대한 권리를 전혀 인정하지 않는 거잖아요."

"그런 말씀은 계약서를 쓸 때 하셨어야죠. 아무튼 저희 회사는 계약서대로 한 것이니 성우님께서 이해해 주시기 바랍니다. 그럼 다음에 뵙죠."

장소은 씨는 결국 피고들로부터 아무것도 얻지 못한 채 통화를 마쳤습니다.

허락을 받아야 해요
vs 계약대로 했을 뿐이에요

장소은 씨는 오랜 고민 끝에 '우리 동네 인권 재판소'를 찾아오게 되었습니다. 자신의 목소리에 대한 권리를 찾으려면 이번 사건을 그냥 넘어가면 안 된다고 생각했어요.

장소은 씨와 피고 1, 2의 주장을 정리하면 다음과 같습니다.

제 목소리를 어떻게 사용할지 결정하는 것은 제 권리예요. 그런데도 저의 뜻과는 전혀 상관없이 게임사가 다른 사람이 AI를 써서 제 목소리를 가공하도록 허락해 준 것은 게임사가 부당하게

제 목소리에 대한 권리를 침해하는 것이니, 계약서 내용은 수정

되어야 해요.

저희는 아무런 근거 없이 장소은 씨의 목소리 사용을 허락한 게

아니라, 계약서를 같이 쓰면서 장소은 씨의 목소리 데이터를 저

희가 다른 사람에게 사용하게 할 수 있다는 내용을 넣었습니다.

계약서를 보시면 장소은 씨의 서명도 분명히 있습니다.

게임사는 계약서 내용을 저한테 충분히 알기 쉽게 설명해 주지

않았어요. 저도 계약의 내용을 자세히 알고 싶었지만 그러면 게

임사가 제게 불이익을 줄까 봐 묻지 못했어요. 만약 그런 내용

이 계약서에 있다는 걸 미리 알았다면 저는 절대 동의하지 않았

을 거예요. 그리고 저에게 일방적으로 불리하고 피해를 주는 조

항이 계약서에 있다면, 잘못을 인정하고 고쳐 주셔야죠.

게임 속 목소리는 저희에게 권리가 있고, 저희가 게임을 만들다

보면 성우들의 목소리를 다양하게 활용해야 할 상황이 있어서,

녹음 계약서를 쓸 때 그런 조항을 항상 넣어 둡니다. 이번 녹음

계약서가 장소은 씨에게만 특별히 불리한 내용이 아닙니다.

피고 성미루 씨는 저에게 미리 허락을 구할 수 있었는데도 순전히 게임사의 허락만 받고 제 목소리를 AI로 변형해 애니메이션에 넣었어요. 저는 이런 애니메이션에 AI로 가공된 제 목소리가 나가는 걸 원하지 않아요. AI를 사용한 제 목소리를 듣는 것은 제 인격이 무시당하는 것 같은 정말 끔찍한 일이에요.

저는 스피어 게임사가 주장하는 것처럼, 장소은 씨의 캐릭터 목소리에 대한 권리는 게임사에 있다고 생각했어요. 마침 계약서에도 그렇게 나와 있다고 해서 게임사의 허락을 받았고요. 장소은 씨가 기분이 나쁠 수는 있지만, 제가 법을 어기거나 부당한 행동을 했다고 생각하지는 않아요.

제 목소리는 제가 한번 내뱉고 나서 저랑 상관이 없는 물건이 된 것이 아니라, 제 감정과 인격을 담고 있는 소중한 작품이에요. 게임사에게 제 목소리를 이용해도 좋다고 허락을 받았다고 해도, 성미루 씨가 제 허락 없이 AI로 제 목소리를 가공해 동영상을 만들어 제 권리를 침해하고 마음을 다치게 했다는 사실은 변함이 없어요. 게임사도 문제지만, 성미루 씨도 제가 입은 피해에 대한 책임을 져야 해요.

최근 많은 사람들이 동영상을 제작할 때 AI 기술을 다양하게 활용하고 있어요. 그런데 이렇게 일일이 관련 있는 모든 사람에게 동의를 구해야만 AI를 사용할 수 있다고 하면 AI를 사용한 창작 자체가 막힐 수 있어요. 재판소에서는 이러한 사정도 충분히 고려해 주셨으면 좋겠습니다.

지금까지 이번 사건에서 원고와 피고들의 주장을 정리해 드렸습니다.

판사님께서는 피고 1과 장소은 씨가 만든 계약서의 내용이 잘못된 것인지, 피고 2가 게임사의 허락을 받았지만 장소은 씨가 전혀 원하지 않는 방식으로 장소은 씨의 목소리를 사용한 것이 정당한 것인지 등을 판단하신 후 누구의 주장이 맞는지를 결정하셔야 합니다.

판사님, 보고서를 잘 읽어 보시고 판결을 내려 주십시오.

AI를 미디어에서 활용하기

안녕하세요, 판사님! 조덕상 변호사입니다.

최근에 AI가 사회 곳곳에서 주목을 받고 있지요. 그래서 이번 사건을 통해 AI와 관련된 이야기를 들려 드리고 싶었습니다.

AI 기술이 발전하면서, 영화, 드라마, 게임 등 다양한 미디어에서 AI를 활용하고 있습니다.

살아 있는 배우의 연기를 복제해 다양한 캐릭터 표현을 해내는 '디지털 트윈' 기술이 대표적이라 할 수 있어요. 사망해서 더 이상 만나 볼 수 없는 인물의 모습과 목소리를 AI로 재현해 내는 기술도 있는데, 이런 기술은 '디지털 부활'이라 부르기도 해요.

이렇게 디지털 트윈, 디지털 부활 등을 통해 실제와 비슷한 환상을 만들어 내는 것을 '딥페이크'라 합니다. 이러한 딥페이크 기술은 미디어를 제작하는 사람들이 과거에는 표현하기 어려웠던 장면을 만들어 내는 데 많은 도움을 줍니다. 예를 들면, 이제는 볼 수 없는 유명한 배우를 다시 등장시켜 다른 배우들과 같이 연기하는 것처럼 만들 수 있고, 배우의 젊은 시절 모습을 최대한 자연스럽게 재현할 수도 있으며, 위험한 장면을 찍을 때 실제 배우가 연기하는 것처럼 만들어 낼 수도 있지요. 이런 기술을 사용해 시청자들에게 더 현실 같은 작품을 선보일 수 있습니다.

이 사건에서는 성우의 목소리 데이터를 AI로 학습시킨 후, 필요한 목소리를 만들어 내어 활용하는 기술이 등장했죠. 실제로 폴란드 게임 회사 CD 프로젝트 레드(CDPR)는 '사이버 펑크 2077'이라는 게임에서 목소리를 녹음했던 성우가 사망하자, 유가족의 동의를 구해 AI 기술로 그의 목소리 연기를 만들어 냈습니다. 이렇게 AI를 통해 원래 있던 사람들의 목소리로 새로운 말을 만들어 내거나, 아예 새로운 사람의 목소리를 만들어 내는 기술도 빠른 속도로 발전하고 있는 중입니다.

AI의 무분별한 사용에 맞선 배우들

하지만 이렇게 AI를 미디어에 이용하는 것이 모두에게 좋은 결과를 가져오는 것은 아니에요. 미디어를 제작하는 사람들이 AI 기술을 활용하면서 어떤 배우의 목소리나 연기 등을 사용할 때, 그 사람의 명확한 동의를 얻지 않거나 충분한 보상을 해 주지 않는 문제가 발생하고 있거든요.

한국의 방시우 성우는 게임에서 녹음한 자신의 목소리를 자신의 동의 없이 AI로 가공해 영상을 만든 사람들에게 소셜 미디어를 통해 그렇게 하지 말라고 요청했고, 많은 팬들과 성우들이 그 글에 동의하고 응원을 보내면서 더 이상의 피해는 막을 수 있었습니다. 하지만 여전히 성우들의 목소리에 대한 권리는 제대로 보호받지 못하고 있어요. 성우에게 녹음 작업에 대한 대가를 주는 대신 목소리에 대한 권리를 게임사 등이 모두 가져간다는 내용의 계약서를 많이 쓰고 있기 때문이에요.

여기에 AI 기술이 발전하면서 성우들의 목소리가 본인이 원하지 않는 곳에 악용될 수 있는 문제도 발생하고 있어요. 예를 들면, 성우들의 허락을 받지 않고 성우들의 목소리를 광고, 음란물, 보이스 피싱 범죄 등에 사용하는 일들이 있었거든요.

우리나라에서도 이렇게 무분별한 AI 사용으로 인한 피해가 계속 발생하고 있지만, 이런 사건의 피해자들이 재판을 하는 등 맞서 싸운 사례는 거의 없었어요. 사람들의 권리가 법으로 충분히 보호받지 못하고 있는 게 현실이거든요.

미국에서도 이러한 딥페이크 기술 때문에 피해를 입은 예술가들이 늘어나고 있어요. 그래서 성우를 포함한 미국 배우들의 노동조합(SAG-AFTRA)

은 영화와 드라마를 만드는 회사들이 AI를 함부로 사용해 배우들의 권리를 침해한다고 주장하면서 거의 네 달 동안 '파업(일하는 사람들이 힘을 합쳐 일을 하지 않기로 하는 행위)'을 했어요. 이 노동조합 소속 배우들은 이 문제가 해결될 때까지 작품에 출연하지 않겠다고 선언했고, 영화·드라마 제작사들과 함께 미디어에서 AI를 사용하는 원칙을 어떻게 정리해야 할지 계속 머리를 맞대고 의견을 주고받았습니다. 그러다 2023년 11월, 미국 배우 노동조합과 영화 드라마 제작사들은 서로 뜻을 모아 함께 지킬 원칙을 만들었는데, 정리하면 이렇습니다.

(1) 영화·드라마 제작자가 AI 기술을 사용해 어떤 배우의 디지털 트윈(합성 연기자)을 만들어 영화나 드라마에 사용하려면 그 배우에게, 배우가 사망했다면 배우의 유가족 등 그 배우의 권리를 이어받은 사람에게 미리 허락을 받아야 한다.

(2) 그 배우의 연기를 사용해 디지털 트윈을 만드는 데 동의를 얻었다면, 영화·드라마 제작자는 그 배우에게 충분한 사용료를 주어야 한다.

(3) 그 사용료는 그 배우가 직접 그 작품에 출연했다면 받을 수 있었던 출연료를 기준으로 해서 배우와 영화·드라마 제작자가 성실하게 협의해서 결정해야 한다.

그렇다면 영화, 드라마가 아닌, 이 사건과 같은 게임사들과 배우들 간의 AI 사용 문제는 어떻게 정리되었을까요? 미국 배우 노동조합은 대형 게임사들을 상대로도 2024년 7월부터 파업에 돌입했습니다. 그러다 2025년 6월 양측의 협상이 마무리되어 협정안을 만들게 되었어요. 협정안에서 AI 문제에 대한 부분만 간략하게 정리하면 이렇습니다.

⑴ 게임사들은 AI를 활용한 디지털 복제물을 만들고 사용하기 위해서는, 명확하고 구체적인 배우의 동의를 얻어야 하고, 배우들에게 구체적인 사용 목적을 설명해야 한다. 배우가 사망한 경우에는 노동조합을 통해 동의를 얻을 수 있다.

⑵ 이번 파업의 대상이 된 디지털 복제물에 대해서는 배우들의 사전 동의가 자동으로 중단되며, 파업의 대상이 아닌 디지털 복제물에 대해서도 배우들은 게임사에 문서를 보내 동의를 중단할 수 있다.

⑶ 게임사들이 AI를 활용한 경우, 배우에게 협정안에 명시된 기준대로 명확한 보수를 지급해야 한다.

이러한 미국 배우 노동조합의 노력은 한국에도 중요한 참고가 될 거예요. 참고로 우리나라 성우들의 노동조합인 한국성우협회도 최근 AI 사용에 대한 성우들의 권리를 보호하기 위한 내용이 담긴 표준계약서(회사들과 계약할 때 공통으로 사용하는 계약 문서)를 만들고 있답니다.

장소은 씨의 권리는 어떻게 될까요?

이제 우리 사건으로 돌아와 보죠.

이 사건에서 장소은 씨는 피고들을 상대로 자신의 목소리의 권리를 주장할 수 있을까요? 앞서 이야기한 것처럼 법도 잘 정리되어 있지 않고, 판례도 없다 보니 쉽게 판단하기는 어려워요. 우선 계약서에 '성우가 녹음한 목소리를 사용할 권리는 모두 게임사에게 있다'는 내용이 있다면, 게임사와 성우가 함께 약속한 것이니까 당연히 지켜야 한다고 생각할 수도 있어요. 하지만 게임사가 계약을 체결하면서 이런 내용을 제대로 설명하지 않았거나, 이런 내용 자체가 성우에게 매우 불리하고 불공평한 내용이라면, 서로 공평하게 계약해야 한다는 법의 원칙을 위반한 내용이라 무효라고 할 수도 있을 거예요.

또 계약서에 문제가 없다고 한다면, 성미루 씨가 장소은 씨의 목소리를 AI로 가공해 영상을 만든 건 문제가 없을까요? 꼭 그렇게만 볼 수는 없어요. 장소은 씨가 도저히 받아들일 수 없는 방식으로 가공해, 장소은 씨에게 심각한 마음의 상처를 주었다면 아무리 게임사가 허락했다고 해도 법적인 문제는 남을 수 있거든요. 장소은 씨에게는 자신의 감정과 인격이 담긴 목소리를 함부로 사용하지 못하게 할 수 있는 권리(자신의 인격과 개성을 존중받을 수 있는 권리로, '인격권'이라 합니다.)가 있거든요. 이러한 권리는 누구도 함부로 침해할 수 없는 것이에요. 성미루 씨의 행위가 장소은 씨의 인격권을 침해할 정도였다면, 성미루 씨는 장소은 씨가 입은 손해를 배상해야 할 수도 있답니다.

AI가 사람들을 행복하게 하려면

AI가 많은 사람들의 삶을 편리하게 해 주는 것 같지만, 지금까지 살펴본 것 이외에도 AI 때문에 사람들의 삶이 더 불행해지는 문제는 점점 늘어나고 있어요.

AI가 만화가, 일러스트레이터, 소설가 등 다양한 예술가들의 작품을 무분별하게 모방해 내는 문제, AI 기술에 필요한 컴퓨터를 사용하는 과정에서 과도한 에너지와 물을 낭비하는 문제, AI의 과도한 사용으로 인해 사람들이 스스로 고민하고 생각하는 능력이 떨어지는 문제도 최근 주목받고 있답니다.

그래서 AI가 정말 사람들을 행복하게 하려면, AI가 일으킬 수 있는 여러 부작용을 줄일 수 있는 법과 문화를 함께 만들어 나가는 노력이 반드시 필요해요.

판사님은 이번 사건에서 어떤 판결을 내리셨을까요? 쉽지 않은 결정이었을 것 같아요. 이번 사건을 통해, AI가 우리 삶에 미치는 영향과 우리가 AI를 어떻게 사용해야 할지를 고민해 보신다면 참 좋겠습니다.

헌법재판소

판사

AI는 우리 삶을 편리하게 해 주는 것으로만 생각했는데… 이런 면이 있었군요.

이소리

네, 그렇죠? AI를 어떻게 사용해야 하는지 더 많이 고민해 보아야 할 것 같습니다.

판사

사건을 계속 판결하다 보니, '헌법'이 얼마나 중요한지 생각해 보게 돼요.

이소리

맞아요. **'헌법'은 시민의 기본적인 인권과 국가기관의 구성 원칙을 정한, 가장 높은 단계의 법**이에요.

판사

그래서 모든 법은 헌법을 위반해서는 안 되고, 헌법에 어긋나는 법은 무효가 되는 거죠?

이소리

맞아요. 그래서 어떤 법이 헌법을 위반했는지 아닌지를 판단해 주는 기관이 있어야 해요. 나라마다 조금씩 다른데, 우리나라는 법원과는 다른 **'헌법재판소'**라는 기관을 따로 만들어 운영하고 있어요.

판사

헌법재판소는 어떻게 결정을 하나요?

이소리

헌법재판소도 법원처럼 누군가가 재판을 신청하면 그에 대해 결정을 내려 주는 곳이에요. 어떤 법이 헌법을 위반했는지 판단해 달라고 헌법재판소에 요청하는 것을 '**헌법 소원**'이라고 해요. 헌법재판소에는 9명의 재판관이 있는데, 헌법 소원 사건에서 어떤 법이 헌법을 위반했다고 결정하기 위해서는 6명 이상의 재판관이 '**헌법 위반**'이라고 의견을 모아야 한답니다.

판사

헌법재판소도 처리할 사건이 많겠죠?

이소리

네. 보통 1년에 2,500개가 넘는 사건이 들어온다고 하고, 결정을 받을 때까지 1년 3개월 정도 걸린다고 하네요. 그리고 헌법재판소는 법원처럼 상소 제도가 없어서 한번 결정을 내리고 나면 바로 뒤집을 수는 없답니다. 하지만 시간이 지난 후에 다시 헌법 소원을 내서 과거와는 다른 결정을 받을 수도 있어요.

판사

그렇군요. 나중에 헌법재판소 뉴스가 나오면 관심을 갖고 살펴 봐야겠어요.

"인간은 자기를 도와주는 모든 생명을 도와줄 필요성을 존중하고, 살아 있는 어떤 것에도 해를 끼치는 것을 부끄러워할 때에만 비로소 진정으로 윤리적이라 할 수 있다."

– 알베르트 슈바이처

6장_
동물들도 행복한 세상

안녕하세요, 판사님. 주승진 재판 연구원입니다.

이번 사건의 원고는 좀 특이한데 강에 살고 있는 연어들입니다. 말을 못 하는 연어들을 대신해 한연수 씨가 소송을 제기했는데요, 피고는 매년 연어 축제를 열고 있는 ○○시의 시장님입니다.

연어들과 한연수 씨는, ○○시의 연어 축제에서 맨손 잡기 행사로 연어들을 심하게 괴롭히고 있으니 그 축제 계획을 취소해 달라고 요구하고 있고, 피고는 사람들을 즐겁게 하기 위한 축제이지 연어들을 학대하는 것은 아니라며 축제를 예정대로 개최하겠다고 주장합니다.

연어와 인간의 재판은 처음이실 텐데, 판사님의 현명한 판결을 기대합니다.

연어도 고통을 느껴요

이번 사건의 원고인 '연어들'을 대신해 재판소를 찾아온 한연수 씨(남, 12세)는 집에서 부모님과 반려견 동동(수컷, 4세)과 함께 살고 있는 초등학생입니다. 아주 어렸을 때부터 동물과 식물에 관심이 많았던 한연수 씨는 얼마전 연어의 생태를 다룬 그림책을 읽게 되었습니다. 한연수 씨가 읽은 그림책에서, 연어는 강에서 태어나 바다로 건너가서 자라고, 다 자란 후에는 목숨을 걸고 자기가 태어난 강으로 거슬러 돌아와 알을 낳고 삶을 마치는, 신비하고 따스한 생명이었습니다. 연어 무리가 강과 바다를 이동하면서 환경에 정말 중요한 역할을 한다는 사실도 새롭게 알게 되었지요.

2023년 가을, 한연수 씨의 부모님은 주말에 ○○시에서 열리는 연어 축제에 놀러 가자고 했습니다. 한연수 씨는 연어를 직접 볼 수 있다는 사실에 큰 관심이 생겼습니다.

"아빠, 연어 축제에 가면 뭐 할 거야?"

"검색해 보니까 작은 강에서 카누도 탈 수 있고, 연어에 대한 퀴즈를 풀면 상품도 주고, 살아 있는 연어가 돌아다니는 걸 직접 볼 수도 있나 봐."

"우아, 정말?"

"마침 예쁜 해수욕장도 가까이 있으니까, 엄마는 연어 축제에 갔다가 바다도 보고 오면 좋겠어."

"축제니까 맛있는 음식도 많이 팔겠다. 오랜만에 정말 재미있겠는걸."

맞벌이로 바쁜 부모님과 모처럼 주말에 여행을 간다는 사실에 한연수 씨는 들뜬 마음으로 기다렸습니다. 살아 있는 연어를 볼 수 있다는 건 정말 설레는 일이었습니다.

토요일 아침, 한연수 씨 식구들은 연어 축제로 한참 분주한 강변에 도착했습니다. 연어와 관련된 여러 부스들과 맛있는 음식을 파는 푸드 트럭들, 커다란 공연장도 있었습니다. 한연수 씨는 부모님과 함께 깨끗한 강에서 카누를 탔습니다. 연어 이동 시기가 아니라서 강에서 연어를 보지는 못했지만, 봄에는 연어 새끼들을 직접 강에 방류해서 바다로 보내 주는 행사를 한다고 하니 한연수 씨는 그 행사에도 꼭 참가해 보고 싶었습니다.

축제장으로 돌아온 한연수 씨는 작은 인공 연못에 돌아다니는 연어 몇 마리를 발견했습니다. 다른 아이들도 신기해하며 구경하고 있었습니다. 다 큰 연어는 한연수 씨가 생각한 것 이상으로 커다란 물고기였습니다.

그런데 한연수 씨는 조금 이상한 느낌을 받았습니다.

'왜 연어 몸에 이렇게 상처가 많지? 어디 아픈 것 같아. 저기 있는 연어는 죽은 것 같은데…. 이렇게 좁은 곳에 갇혀 있는 연어들은 답답하지 않을까?'

그런 생각을 한 한연수 씨는 다음 날에도 부모님과 연어 축제장을 다시 방문했습니다. 그런데 어제 연어를 봤던 그곳에 많은 사람들이 모여 있었습니다.

"엄마, 저기 왜 저렇게 사람들이 많은 거지?"

"그러게, 엄청 시끄럽기도 하고."

"아! 저기서 연어 맨손 잡기 행사 하잖아."

아빠의 말에 한연수 씨는 깜짝 놀랐습니다.

"연어를… 맨손으로 잡는다고?"

"어! 저게 정말 인기가 많아서 이번에 표를 못 구했어. 올해는 그냥 구경만 할 수밖에…."

한연수 씨는 어제 봤던 연어들의 모습을 생각하니, 계속 찝찝한 생각이 들었습니다.

　하지만 궁금해서, 결국 한연수 씨 식구들은 연어 맨손 잡기 행사를 구경하게 되었습니다.

　행사에 참가한 사람들은 정해진 시간에 연어가 있는 연못으로 들어가서는, 연어들을 쫓아다니며 장갑 낀 손으로 연어를 붙잡았습니다. 행사 진행자는 계속 큰 소리로 사람들을 응원했고, 물에 들어간 사람들은 연어를 잡자 자랑하듯 들어 올리며 포즈를 취했습니다. 이리저리 도망치다 사람에게 잡혀 버둥거리던 연어들은 커다란 비닐봉지에 담겼습니다. 물도 없는 봉지에 담긴 연어들은 얼마 후 움직임이 멈췄습니다. 한연수 씨는 그런 장면을 즐기고 있는 사람들이 이해하기 힘들었습니다.

'연어들은 저 많은 사람들 속에서 얼마나 무서울까? 연어를 저렇게 고통스럽게 죽여도 되는 걸까?'

연어를 잡은 사람들은 연어가 담긴 봉지를 들고 어딘가로 갔습니다. 한연수 씨가 따라가 보니, 상인들이 연어를 칼로 해체해서 살을 발라내 담아 주었습니다. 곳곳에 연어의 피가 튀고 뼈와 내장이 드러났습니다. 신선한 연어를 먹을 수 있다며 좋아하는 사람도 있었지만, 한연수 씨의 마음은 아프기만 했습니다.

여행을 마친 후 한연수 씨는 물고기 맨손 잡기 행사를 하는 축제에 대해 알아보았습니다. 산천어를 잡는 축제도 있었는데, 거기서는 더 많은 사람들이 몰려 물고기들이 떼죽음을 당하기도 했습니다. 그래서 물고기들이 겪는 고통을 호소하며 축제를 중단하라고 요구하는 사람들도 많았습니다.

한연수 씨는 엄마에게, 연어 축제에 갔다가 느낀 마음을 솔직하게 털어놓았습니다.

"엄마, 나… 연어 맨손 잡기 하는 거 보고 기분이 별로 안 좋았어."

"어, 그래? 사실 엄마도 그랬어. 연어를 꼭 그렇게 산 채로 잡아 괴롭혀야 하나 싶었거든."

"맞아. 엄마, 앞으로 연어 축제에서 맨손 잡기는 정말 안 했으면 좋겠어."

"흠… 그러면 그 연어 축제를 한 도시의 시장님에게 편지를 한번 써 보는 건 어때?"

"편지? 어떻게?"

"네가 연어 축제에서 느꼈던 불편한 감정들을 솔직히 이야기하는 거야. 그래서 앞으로 연어 축제를 하더라도 맨손 잡기 같은 건 하지 말라고 요청하는 거지. 엄마가 도와줄게."

한연수 씨는 엄마의 말에 용기를 얻어 ○○시에 편지를 적어 보냈습니다.

"안녕하세요! 저는 얼마 전에 ○○시 연어 축제에 방문했던 한연수라고 합니다. 이번 연어 축제에서 저는 처음으로 연어 맨손 잡기 행사를 봤습니다. 그런데 연어들이 얼마나 무섭고 고통스러울까 하는 생각이 들어 마음이 너무 아팠습니다. 연어들은 계속 도망치다 잡혀서는 물도 없는 비닐봉지에 담겨 서서히 숨이 막혀 죽어 갔습니다.

저는 연어 축제에서 연어가 건강하게 살아가는 모습을 보고 싶었어요. 하지만 이런 맨손 잡기는 연어를 그저 사람들의 재미를 위한 장난감처럼 대하고, 연어에게 너무 심한 고통을 주는 것 같았습니다. 다음 연어 축제에서는 맨손 잡기 행사를 하지 말고, 연어를 더 잘 알 수 있는 재미있는 행사를 해 주셨으면 좋겠습니다. 연어들을 사랑한다면 꼭 제 부탁을 들어주세요. 감사합니다."

한연수 씨의 편지를 본 ○○시에서는 얼마 후, 맨손 잡기는 동물 학대가 아니니 앞으로도 계속 맨손 잡기 행사를 하겠다는 간단한 답변만 보내왔습니다.

맨손 잡기는 동물 학대예요
vs 동물 학대라 볼 수 없어요

○○시의 답변에 크게 실망한 한연수 씨는 부모님과 상의 후, 저희 재판소에 찾아왔습니다. 한연수 씨는 이 재판을 연어들이 직접 했으면 좋겠다고 생각해 원고를 연어들로 정하고, 자신은 연어들을 대신해 맨손 잡기를 하지 말라고 꼭 말하고 싶다고 했습니다. 그래서 이 사건의 원고는 '연어들'이고, 피고는 ○○시의 시장님입니다. 양쪽 주장은 다음과 같습니다.

우리 연어들은 인간들과 마찬가지로 고통과 즐거움을 느낄 수 있는 생명입니다. 그런데 사람들의 재미를 위해 살아 있는 우리를 물에 가두고 사람들이 맨손으로 잡게 해서 서서히 죽게 만드는 건 우리를 불필요하게 괴롭히는 거예요. 인간들이 이유 없이 인간들을 괴롭히면 안 되는 것처럼 우리 연어들한테도 그래서는 안 됩니다.

연어들이 재판을 할 수 있는지 모르겠습니다만 일단 답변하겠습니다. 여러분은 물고기라서 우리 법에 따르면 '물건'일 뿐 어떤 권리가 없습니다. 그리고 '사람이 먹기 위한 물고기'들은 죽이거나 해도 동물 학대로 보지 않는다는 건 법에 나와 있는 내용입니다. 따라서 저희가 여러분의 권리를 침해했다거나 여러분들을 학대했다는 주장은 받아들일 수 없답니다.

맨손 잡기로 잡힌 우리 친구들을 인간들이 모두 잡아먹는 것도 아닙니다. 그냥 재미로 잡아 죽이고 고기는 먹지 않는 사람들도 있어요. 그냥 잡는 재미를 즐기는 것이지요. 그런데도 그저 '사람이 먹기 위한 물고기'라는 이유만으로 우리를 그렇게 잡아서 죽어 가게 만들어도 되는 것인가요?

물론 행사장에 있는 연어를 모든 분들이 다 가져가서 드시는 건 아니지요. 하지만 저희는 연어를 잡는 분들께 연어 고기를 드린다고 홍보를 했고, 여기 오시는 많은 분들도 연어는 잡아서 먹을 수 있다고 생각하고 오십니다. 그 과정에서 조금 잔인한 풍경이 나오기도 하지만, 대부분의 사람들은 행사를 즐기고 가신답니다.

영국 등의 국가에서는 랍스터를 살아 있는 채로 뜨거운 물에 넣고 삶거나, 운반할 때 얼음물에 넣는 것을 금지하고 있어요. 죽어서 먹힐 동물이라고 해도 동물들에 대한 고통은 최대한 줄여야 한다는 생각 때문이랍니다. 우리 친구들을 그렇게 맨손으로 잡아서 고통스럽게 죽이는 게 여러분의 법으로는 학대가 아니라고 하더라도, 과연 그렇게 우리에게 고통을 주어야 할 필요가 있나요? 연어와 강을 보호하기 위한 축제라면서, 왜 우리는 이렇게 고통스럽게 죽어야 합니까?

살아 있는 물고기를 잡아서 먹는 건 우리뿐만 아니라 전 세계인들의 오랜 전통입니다. 여러분이 조금 괴로울 수는 있겠지만, 인간들이 개울이나 강, 바다에서 물고기를 잡아서 먹는 행동 모

두를 동물 학대라고 한다면 사람들은 앞으로 물고기나 다른 동물의 고기를 아예 먹을 수가 없을 것입니다. 저희는 여러분들에게 일부러 고통을 주려고 한 게 아니라, 지금까지 하던 대로 여러분들을 잡아먹었을 뿐이에요.

지금까지 이번 사건에서 원고들과 피고의 주장을 정리해 드렸습니다. 판사님, 보고서를 잘 읽어 보시고 판결을 내려 주십시오.

'인권'이 있다면 '동물권'은?

판사님, 안녕하세요!

어느덧 마지막 사건이군요. 동물이 원고가 된 재판이라니, 지금까지 만났던 사건들 중에서 가장 특이하고 생소한 느낌이 들지 않았을까 싶네요.

우리는 이 책에서 '인권', 즉 모든 사람이 평등하게 누려야 할 권리 이야기를 하고 있습니다. 그런데 판사님은 '동물'에게도 사람처럼 똑같이 권리가 있다는 주장에 대해 어떻게 생각하시나요? 이 주제는 고민해 볼 지점이 많고, 사람들마다 의견이 조금씩 다를 수 있어요.

일단 한국의 법을 살펴보면, 『민법』 제98조에 '본 법에서 물건이라 함은 유체물 및 전기 기타 관리할 수 있는 자연력을 말한다'라고 적혀 있어요.

우리가 말하는 동물은 이 규정에서 '유체물'에 포함된다고 보통 해석합니다. 그러니까 우리 법에서 동물들은 '물건'이에요.

우리 법이 살아 있는 생명을 물건으로 보고 있다는 사실에 판사님이 조금 놀랐을 수도 있을 것 같아요. 그래서 많은 시민들이 동물을 물건으로 보고 있는 이 법을 고쳐야 한다고 주장했고, 2021년 10월에 정부는 '동물은 물건이 아니다'는 내용으로 이 법을 개정해 달라고 국회에 요청한 적도 있어요. 하지만 아직까지 법은 바뀌지 않았습니다.

이 주제가 사람들에게 계속 관심을 받는 이유 중 하나는, 동물을 사랑하고 동물이 행복하게 살 수 있는 환경을 만들기 위해 노력하는 사회는 인간의 권리도 소중히 대한다는 생각 때문이에요. 그러기 위해서는 동물을 동정하는 것을 넘어, 동물도 사람처럼 권리가 있다는 생각의 전환이 필요합니다. 또한 인간이 동물을 함부로 죽이고 괴롭히는 것은 지금 우리가 겪고 있는 환경 문제의 한 원인이기도 해요. 인간이 동물과 자연물을 마구 괴롭히며 이용한 결과, 기후 위기가 발생하기도 하고, 코로나19 같은 무서운 바이러스가 덮쳐 와 인간의 건강을 위협하기도 했죠.

동물권도 있다는 생각에 바로 동의하기는 어렵더라도, 동물을 소중한 생명으로 대우하면서 불필요한 고통을 주지 말아야 한다는 생각에는 판사님도 동의하실 거라고 믿어요.

물고기를 맨손으로 잡는 문제

이번 사건은 강원도 화천군에서 오랫동안 개최하고 있는 '산천어 축제'와 양양군에서 개최하고 있는 '연어 축제'를 참고했습니다. 한국에서는 지역마다 동식물을 주제로 한 다양한 축제를 여는데, 살아 있는 물고기를 맨손으로 잡는 축제는 '산천어 축제'가 가장 유명하다고 할 수 있죠. '연어 축제'에서도 연어 맨손 잡기의 인기가 높습니다.

그런데 '산천어 축제'는 높은 인기에 못지않게 많은 비판을 받고 있어요. 양식장에서 기른 수많은 산천어를 잡아 와 얼어붙은 화천천을 깨서 몰아넣은 다음, 많은 사람들이 한꺼번에 들어가 산천어를 잡아요. 이때 산천어들이 느끼는 공포와 스트레스는 정말 상상을 초월한다고 합니다. 또 잡은 산천어를 집어던지거나 내리치고 방치하면서 산천어가 느끼는 고통은 더 심해지죠.

얼음을 깬 후 낚싯바늘을 넣어 산천어를 잡는 행사도 있는데, 여기서도 수많은 산천어들이 좁은 물속에서 엉키며 다치기도 하고, 잡힌 후 얼음 바닥에 방치되어 고통스럽게 죽어 가기도 해요. 사람들의 즐거움을 위해 산천어가 일방적으로 희생되고 있는 거예요. 연어 축제의 맨손 잡기 행사에서도 산천어 축제와 비슷한 문제가 발생하고 있어요.

산천어 축제가 산천어들을 '학대'하고 있다는 지적이 계속 있어 왔지만, 화천군에서는 축제를 계속 열었어요. 그래서 동물 보호 활동을 하는 사람들이 화천군수를 검찰청에 고발한 일도 있었습니다. 하지만 화천군수는 처벌받지 않았어요.

그 이유를 살펴보면, 앞서 설명했던 『동물보호법』에서는 어류도 보호 대상으로 하고 있지만 '식용을 목적으로 하는 어류'는 보호하지 않는다고 했거든요. 고발을 받은 검찰청에서는 산천어 축제에서 사용하는 산천어는 사람들이 잡아먹기 위한 물고기이므로, 맨손으로 잡는 등 고통을 주더라도 그런 행위를 『동물보호법』으로 처벌하기는 어렵다고 보았습니다.

그 후에도 산천어 축제와 연어 축제는 계속 열리고 있어요. 하지만 여전히 "축제에 나오는 물고기들은 먹기 위해서가 아니라 재미를 위해서 가져오는 것이다.", "축제를 위해 수많은 물고기를 강에 가두고 그걸 잡느라 바다와 강의 환경이 망가진다."는 비판도 이어지고 있어요.

이런 축제들은 '친환경, 생태, 힐링'과 같은 말을 사용하여 시민들에게 홍보하고 있습니다. 이런 목표를 내걸고 있는 축제에서, 물고기들에게 심한 고통을 주는 맨손 잡기를 계속 유지하는 것이 과연 바람직한지 고민해 볼 필요가 있지 않을까요?

도롱뇽부터 돌고래까지 모두가 행복하고 싶어요

이렇게 동물 학대 문제를 알리는 것 말고도, 환경 파괴 행위를 막기 위해 동물들이 재판을 신청한 사건들이 있었어요. 물론 아쉽게도(?) 법정에 동물들이 직접 등장한 건 아니고, 이번 연어 사건처럼 사람들이 재판을 하면서 동물들을 원고로 세우는 방식이었지요.

정부가 경남 양산에 있는 천성산에 기찻길을 내기 위해 터널을 뚫기로 결정하자, 2004년에 환경 보호 단체 회원들이 천성산에 살고 있는 '도롱뇽'을 원고로 해서 터널 공사를 멈춰 달라고 법원에 재판을 신청한 적이 있었어요.

그로부터 몇 년 뒤 군산에 화력 발전소가 들어서게 되자, 어민들이 그걸 막기 위해 바다에 살고 있는 '검은머리물떼새'와 함께 재판을 신청한 사건도 있었고, 2018년에는 설악산에 케이블카를 설치하려고 하자 그곳에 살고 있는 천연기념물인 '산양' 28마리가 그 공사를 막기 위한 재판의 원고가 된 적도 있었습니다.

이 사건들에서 모든 법원은 똑같은 결론을 내렸습니다. '동물은 법적으로 원고가 될 수 없다. 그러므로 재판에서 어떤 권리를 주장할 수 없다'는 것이지요.

그렇다면 이제 한국에서 동물들은 더 이상 재판을 하지 못할까요?

2023년, 일본 정부가 후쿠시마에 있는 원자력 발전소에서 나오는 오염수를 바다에 방류했는데, 한국 정부는 이를 적극적으로 저지하려는 노력을 하지 않았어요. 그래서 시민들은, 한국 정부가 노력하지 않는 것이 헌법 위반임을 확인해 달라고 헌법재판소를 찾았는데, 여기에 바다에 살고 있는 '돌고래'들도 함께 재판을 신청했답니다. 재판을 신청한 시민들은 '돌고래들은 오염수 때문에 큰 피해를 입는다. 돌고래들도 한국 시민들과 마찬가지로 한국 헌법의 보호를 받아야 한다'고 주장하고 있어요. 헌법재판소는 과연 이 재판에서 돌고래들에 대해 어떤 판결을 내릴까요?

여기까지만 봤다면, 연어들과 한연수 씨가 함께 연어 축제를 취소해 달라고 재판을 신청한 것은, 한국에서 질 수밖에 없는 싸움처럼 느껴질 거예요. 하지만 꼭 그렇게 볼 것만은 아니에요.

눈을 다른 나라로 돌려 보면, 여러 나라에서 새들이나 오랑우탄, 침팬지에게 재판할 수 있는 권리를 인정하고 그들을 괴롭힌 사람들에게 책임을 묻는 판결이 나오기도 했어요. 또 동물들의 권리와 환경을 지키기 위해, 동물이나 자연물들의 이름으로 재판할 수 있는 권리를 인정해 주는 법을 새로 만드는 나라도 늘어나고 있고요. 한국에서도 제주도에 사는 '남방큰돌고래'를 위한 법을 만들려고 노력하는 사람들이 있답니다.

한국에는 수족관에서 살고 있는 돌고래들도 있지요. 법이 바뀌어 2023년 12월부터 고래목에 속하는 동물들을 수족관에 둘 수 없게 되었지만, 아직도 사람들의 즐거움을 위해 좁은 수족관 수조에 갇혀 고통을 받고 있는 돌고래들이 많아요. 사람들이 돌고래를 바다에 돌려보내라고 수족관과 정부에 항의하는 것을 넘어서, 수족관 돌고래들이 사람들처럼 자신들을 가둬 놓은 수족관을 경찰에 고발하거나, 법정에서 '우리를 바다로 돌아가게 해 달'고 재판을 할 수 있게 된다면 어떨까요? 다른 나라처럼 우리에게도 커다란 변화가 올 수 있지 않을까요?

　판사님은 이번 연어 축제 사건에 대해 어떤 판결을 내리셨을까요? 이 마지막 사건을 통해 판사님의 시선이 사람을 넘어 동물들에게까지 넓어졌으면 좋겠어요.

　고생 많으셨습니다.

국가인권위원회의 역할

판사

드디어 마지막 사건 재판도 끝났네요. 동물들도 재판소에 올 수 있다니 신기했어요.

주승진

그렇죠? 앞으로 이렇게 동물과 환경을 보호하기 위한 재판이 더 늘어날 것 같아요.

판사

참, 작년에 국가인권위원회(인권위)가 헌법재판소에 환경 관련 어떤 법이 헌법을 위반했다는 의견을 냈다고 들었어요.

주승진

맞아요. 『탄소중립기본법』이라는 법에 정부가 기후 위기를 막기 위해 온실가스를 줄이겠다는 목표를 정해 놓았는데, 그 목표치가 너무 낮아서 국민의 기본권을 침해했다며 헌법에 맞지 않는다는 의견을 낸 거죠. 결국 헌법재판소는 그 법이 헌법과 맞지 않는다고 판결을 내렸답니다.

판사

인권위가 그런 일도 하는군요. 정말 신기하네요!

주승진

지난번 '노키즈존' 사건에서도 보셨을 텐데, **인권위는 다른 사람의 인권이 침해되거나 부당한 차별을 당했다는 진정이 들어오면 그 사건을 조사할 수 있어요.** 진정이 없더라도 인권위가 그런 일을 조사해야겠다고 판단하면 조사해서 결론을 내릴 수 있답니다.

판사

법원이나 헌법재판소는 누가 재판을 신청해야만 움직일 수 있는데, 인권위는 다르네요?

주승진

인권위는 한국 사회의 인권 수준을 향상시키기 위해 존재하는 기관이어서 인권 문제에 대해 다양한 역할을 할 수 있지요.

판사

그렇군요. 하지만 인권위가 결정한 걸 따르지 않아도 벌을 받지는 않는다면서요?

주승진

네. 인권위는 권고하거나 의견을 밝힐 수 있죠. 그 권고나 의견을 받은 기관이 그걸 따르지 않겠다고 하면 그 이유를 인권위에 밝혀야 해요. 그리고 인권위는 그 내용을 외부에 공개할 수 있어요. 따르지 않는 것에 대한 벌은 없지만, 이런 부담은 있지요.

판사

그렇군요. 앞으로 인권위의 권고나 의견은 늘 신경 써서 봐야겠어요.

세상의 법은
누구 편인가요?

1판 1쇄 인쇄 2025년 8월 11일
1판 1쇄 발행 2025년 8월 29일

글 조덕상 그림 신시터
발행인 손기주

편집팀장 권유선 **교정** 보리쌀
디자인 정진 **세무** 세무법인 세강

펴낸곳 썬더버드
등록 2014년 9월 26일 제 2014-000010호
주소 경기도 의왕시 정우길47, 2층
전화 02-6368-2807 **팩스** 02-6442-2807

© 2025, 조덕상

ISBN 979-11-93947-43-2 43300

---

404 **NOT FOUND** 는 썬더버드의 청소년 출판 브랜드입니다.

404는 책에 대한 멋진 아이디어와 좋은 원고를 기다리고 있습니다.
투고 및 기획 문의 sonkaya40@naver.com